Notker Wolf / Matthias Drobinski
Regeln zum Leben

Notker Wolf / Matthias Drobinski

Regeln zum Leben

Die Zehn Gebote –
Provokation und Orientierung für heute

FREIBURG · BASEL · WIEN

Originalausgabe

3. Auflage 2008
© Verlag Herder GmbH, Freiburg im Breisgau 2008
Alle Rechte vorbehalten
www.herder.de

Satz: Barbara Herrmann, Freiburg
Herstellung: CPI Moravia Books, Pohorelice

Gedruckt auf umweltfreundlichem, chlorfrei gebleichtem Papier
Printed in Czech Republic

ISBN 978-3-451-03017-8

Inhalt

Ein persönliches Vorwort
von Notker Wolf OSB 7

Vom „Ewig Kurzgefassten":
Kleine Geschichte der Zehn Gebote 15

1. Gebot:
Du sollst keine fremden Götter neben mir haben 33

2. Gebot:
Du sollst Dir kein Bild machen. Du sollst den
Namen Gottes nicht missbrauchen. 48

3. Gebot:
Du sollst den Sabbat/Sonntag heiligen 62

4. Gebot:
Vater und Mutter ehren 75

5. Gebot:
Du sollst nicht töten 90

6. Gebot:
Du sollst nicht ehebrechen 107

7. GEBOT:
Du sollst nicht stehlen 119

8. GEBOT:
Kein falsches Zeugnis ablegen 131

9. UND 10. GEBOT:
Du sollst nicht begehren Deines Nächsten Frau. Du sollst nicht begehren Deines Nächsten Hab und Gut 141

Der Dekalog: Gebote zur Freiheit 148

Ein persönliches Vorwort

Dafür, dass ich versprochen habe, mein Leben lang meiner Klostergemeinschaft in Sankt Ottilien treu zu sein, führe ich ein recht ungeregeltes Leben. Die Benediktineräbte haben mich zum Abtprimas gewählt, zum Sprecher aller Kongregationen, auch der Frauenklöster. Ich bin deshalb nach Rom umgezogen, in die Abtei S. Anselmo. Von dort aus fahre und fliege ich in die ganze Welt: Ich informiere mich über die Lage der Klöster in Lateinamerika und Afrika, nehme an den Vorstandssitzungen unserer amerikanischen Stiftung für S. Anselmo teil, muss zu Tagungen in Asien und treffe in Oberbayern ehemalige Schüler; in Rom kümmere ich mich um die Sorgen im Kloster und an unserer Hochschule und führe Gespräche mit den vatikanischen Behörden. Zusätzlich muss ich Akten unter Termindruck abarbeiten. Das klingt sehr spannend, und ich genieße es auch, die Welt zu sehen und so viele Menschen zu treffen, so viele Kulturen kennenzulernen – die Missionsbenediktiner sind schon seit jeher in die Welt hinausgezogen, um überall vom Evangelium zu erzählen.

Aber es gibt auch die Momente der Einsamkeit und der großen Müdigkeit, des Unbehausten; es gibt die Abende, an denen ich mir denke: Ich reise viel und sehe nichts. Dann kommt der Wunsch hoch, einfach anzukommen und zu bleiben. An solchen Tagen hilft mir die *Regula Benedicti*, die Ordensregel unseres Gründers, des Heiligen Benedikt von Nursia; es helfen das Stundengebet, das Lesen in der Heiligen Schrift. Und wenn ich in Asien oder Afrika in ein Kloster komme, leben meine Schwestern und Brüder nach den gleichen Regeln, die ich in Sankt Ottilien kennengelernt habe, die ich in Rom lebe und die ich auch auf meinen Reisen, so weit es geht, zu leben versuche. Ich komme sofort in den Rhythmus des benediktinischen Lebens hinein. Ich bin im Chorgebet, beim gemeinsamen Essen, ich lebe das Leben der Gemeinschaft mit, und so habe ich eine Heimat, wo immer ich auch bin. Ich bin bei den Benediktinerinnen und Benediktinern rund um den Globus zuhause. Ich kann mich überall auf der Welt heimisch fühlen, weil wir Benediktinerinnen und Benediktiner überall auf der Welt nach der gleichen Regel leben. Ich brauche diese Regeln, etwas, was das Leben strukturiert, ihm einen roten Faden gibt. Sonst könnte ich es gar nicht aushalten.

Gerade weil mir die Regelmäßigkeit fehlt, merke ich: Diese Regeln sind keine Einengung, sie sind eine Befreiung. Einengend sind die sogenannten Sachzwänge, die meist doch nur selbstgemacht sind. Bedrängend sind die Termine, bedrängend ist der Zeitdruck, den nächsten Flieger zu erreichen, die Notwendigkeit, bestimmte Akten bis zu einem bestimmten Zeitpunkt durchzuarbeiten. Die *Regula Benedicti* dagegen macht mich frei, sie schafft mir Freiräume. Ich kann mich dem Rhythmus von Gebet und Arbeit hingeben, es gibt nie nur die nackte Arbeit. Unser ganzer Körper verlangt nach einem Rhythmus, nach einer Tages- und Lebensstruktur – auch darin sieht man die große Klugheit Benedikts. Ich muss nicht meinen Tag jeden morgen neu erfinden. Ich lebe nie im luftleeren Raum. Und daran sieht man, wie modern diese Regel aus dem sechsten Jahrhundert ist, die Benedikt im Kloster Montecassino verfasst hat. Sie hilft mir in diesem Managerleben, das ich mir so nicht ausgesucht habe, eine Heimat zu finden – und mich überrascht immer wieder, wie viele der angeblich so selbstbewussten und unabhängigen Manager nach etwas suchen, das ihr Leben vergleichbar strukturiert. Wenn ich nicht in ein Kloster hineinkomme, habe ich mein Brevier dabei, ich bete, so es möglich ist, zu den uns vorgegebenen Zeiten. Ich versuche auch, jeden Tag einen Abschnitt der Heiligen Schrift zu lesen. Ich suche den Kontakt zu Gott, das empfinde ich immer wieder als unfassbar befreiend. Ich fühle mich am Abend frustriert, wenn ich den ganzen Tag nur herumgetrieben wurde, wenn ein Termin den anderen jagte und ich nie diese Unterbrechung für Gott, für diese andere Wirklichkeit hatte.

Das macht, glaube ich, auch die Faszination der Zehn Gebote aus: Sie bieten eine Heimat inmitten von Moderne und Postmoderne, inmitten der großen Menschheitsreise. Die Regel Benedikts ist viel differenzierter, als es die Zehn Gebote sind, sie ist auf eine klar umgrenzte Gemeinschaft hin geschrieben, aber in ihrer Funktion will sie nichts anderes als der Dekalog, das Zehnerwort: ein gutes Zusammenleben von Menschen ermöglichen. Es geht um das gute Leben, nicht um einen einengenden Katalog. Deshalb stehen das Regelwerk der biblischen Gebote und die Benediktsregel nie alleine. Im Mittelpunkt des Ordenslebens steht die Liturgie, die lebendige Gemeinschaft der Nonnen und Mönche, und damit sie funktioniert, dafür sind die Regeln da. Sie sind Hilfsmittel, Leitfaden, Richtschnur. Man kann sie nicht weglassen, aber ohne das Lebendige wären die Regeln hohl. So ist es auch bei den Zehn Geboten: Man kann und muss sie mit Leben füllen, dann sind sie Teil des guten und lebendigen Lebens, ein faszinierender Weg zur Menschlichkeit.

Ich kann zu meinem Glück sagen, dass ich nie Angst haben musste vor einem Gott, der Gebote aufstellt. Den strengen, verbietenden, einengenden Gott habe ich nie erfahren. Es heißt, auf dem bayerischen Land sei gerade diese Vorstellung verbreitet gewesen, aber den gab es in meinem Leben nicht. Ich weiß, dass es da vielen aus meiner Generation anders ergangen ist, und ich bin meinen Eltern, den Priestern und Lehrern, die ich erlebte, sehr dankbar dafür, dass sie mir ein befreiendes und wärmendes Gottesbild vermittelt haben. Meine älteste Erinnerung, die ich an meine Kindheit habe, ist die: Ich war zweieinhalb Jahre alt, es war Weihnachten, und meine Mutter nahm mich mit in die Mitternachtsmesse. Sie stellte mich Knirps vor sich auf die Bank, ich sah das Licht, hörte die Musik, roch den Weihrauch – noch heute öffnet mir diese Erinnerung alle Sinne, sie war mein religiöses Grunderlebnis. Für mich ist deshalb Religion Freude und auf keinen Fall Unterdrückung. Natürlich hat man mir als Kind wenn es donnerte auch einmal gesagt: Der Himmelspapa schimpft. Aber ernst habe ich das nicht genommen, weil es immer mit Augenzwinkern gesagt wurde, weil bei uns mit dem nötigen Humor geglaubt wurde, ohne den Religion schnell lebensfern streng wird. Auf dem Land waren Kirche, Glaube und Leben eins; wir hatten eine gesunde Frömmigkeit. Wir Buben haben an der Kommunionbank darum gerauft, wer dann zum Läuten in den Kirchturm durfte. Heute wäre so etwas ein Skandal, damals fand das niemand tragisch. Während des Gottesdienstes saß der Mesner hinter uns, er wusste schon, warum. Wir haben trotzdem dauernd geschwatzt, und er hat den schlimmsten Schwätzern dann eine Kopfnuss verpasst, und der Pfarrer hat, wenn er mit dem Weihwasser durch die Kirche ging, den letzten Schwung immer über uns gesprengt, dass wir ordentlich nass wurden. Das haben dann wir nicht weiter tragisch genommen.

Die Kirche war unser Zuhause, und alles, was in einem Zuhause passiert, passierte auch dort: Es gab unartige Kinder, es gab Streit, es gab auch autoritäre Erwachsene – aber alles fand in einer Atmosphäre statt, in der wir Kinder uns angenommen fühlten und wussten: Hier ist unsere Heimat. Der Gottesdienst gehörte zu unserem Leben wie die Schule und das Schützenfest; es war das Aufgehobensein in einer engen, aber auch warmen Welt. Ich bin im Krieg groß geworden, mein Vater war an der Front, ich habe ihn erst nach dem Krieg richtig kennengelernt. Und da war für uns, meine Mutter und die Kinder, diese Heimat sehr wichtig, in der es Nachbarn gab und auch andere Männer, die die Vaterrolle zumindest teilweise ersetzten. Die insgesamt sehr weiblich geprägte Religiosität hatte nicht die Strenge, unter der andere aus meiner Generation litten; Glaube war für uns überhaupt nicht streng. Wir wohnten damals zur Miete, unter uns die Vermieterin – ich weiß noch, wie ihr Mann, er war Soldat, Weihnachten zu Besuch kam, wir bei der Familie feierten, mit einem Weihnachtsbaum, der mir wie ein Wunder vorkam, und einem Netz mit drei Bauklötzen für mich darunter, die ich glücklich mit meinen Fingerchen herauspulte. Und auf einmal stand hinter mir der Mann, für den es die Monate zuvor nur Schießen oder Erschossenwerden gegeben hatte, strahlend vor Freude über meine Freude. Es war sein letztes Weihnachtsfest, bald darauf ist er gefallen. Auch dieses Weihnachtsfest gehört zu meinen religiösen Urerlebnissen: Ich erlebte die Freude, wenn man Freude bereitet.

So gesehen spielten die Zehn Gebote in meiner Kindheit und Jugend keine große Rolle. Vater und Mutter ehren, das verstanden wir, und dass man den Sonntag heiligen soll auch. Den Namen Gottes nicht missbrauchen – da hat man uns gesagt: Du sollst halt nicht fluchen, und wir haben uns mehr oder weniger dran gehalten. Wir haben später im Religionsunterricht den Beichtspiegel auswendig gelernt und sind bei vielen Geboten ins Schleudern gekommen, weil sie uns Kindern nicht verständlich waren. Ich habe dann natürlich auch die Zehn Gebote auswendig gelernt – aber in der Beichte spielten schon immer andere Dinge eine Rolle, als diese Gebote abzufragen: Mein Verhältnis zu Gott, mein Verhältnis zu mir selber, mein Verhältnis zu den anderen. Und das war für mich der Weg. Es gab mehr ein natürliches Moralempfinden. Wenn ich genascht hatte, wusste ich schon: Das war nicht recht. Nicht, weil ich dann dachte: Vorsicht, siebentes Gebot! Sondern weil wir im Innern wussten, dass wir jetzt eine Regel verletzen. Da gibt es ein knappes Gut, und ich nehme es mir, obwohl es mir nicht gehört. Das schmeckt gut, ist aber nicht fair. Es kribbelte im Bauch. Aber das löste die Geborgenheit in Gott nicht auf. Ich hatte keine Angst vor der Hölle, wenn ich Süßigkeiten naschte, ich fürchtete auch nicht, von Blitzen und anderen Strafen getroffen zu werden. Es war die kindliche Form des Gewissens, die mir sagte: Du brichst eine Regel, die es eigentlich gut mit Dir meint. Teile das knappe Gut fair und hole dir weder Zahn- noch Bauchschmerzen! Nach solchen Missetaten hatte ich keine Angst, ich schämte mich und hätte mich am liebsten irgendwo vor mir selber versteckt.

Ich musste also nie gegen einen unerträglich gebieterischen Gott rebellieren. Rebelliert habe ich als Jugendlicher und als Student immer dann, wenn ich eine Entscheidung anderer über mich als Willkür empfand – mich dem Willen anderer zu unterwerfen, fiel mir schwer. Und so kamen meine Glaubenszweifel, als ich auf dem Weg ins Kloster und hin zu meinen Ewigen Gelübden immer wieder damit haderte, mich dem Willen Gottes anzuvertrauen und ihn zu erfüllen. Was will Gott mit mir? Das war meine bedrängende Frage, auch über das Noviziat hinaus. Es hat lange gedauert, bis ich sagen konnte: Das ist mein Lebensweg. Es war ja auch gegen alles, was wir in unserem modernen und individualisierten Abendland lernen: Ich selber bestimme, wo es langgeht, das lasse ich mir weder von einem Menschen noch von Gott vorschreiben. Aber wenn die Nabelschnur zu Gott abgerissen ist, wenn der eigene Wille zum Maßstab des Lebens wird, dann geht etwas verloren. Es hat lange gedauert, bis ich begriffen hatte, dass der Wille Gottes nicht die Willkür Gottes ist, im Gegenteil: Gott will das Beste mit mir. Selbst in diesen Zweifeln aber ist mir das

Gottvertrauen geblieben, das Vertrauen in einen barmherzigen Gott, der die Sünde hasst, aber den Sünder liebt.

Wie menschlich oder unmenschlich ein Regelwerk ist, zeigt sich auch darin, wie es mit den Fehlern und Schwächen derer umgeht, die diese Regeln halten sollen und die immer wieder daran scheitern, weil sie Menschen sind. In Benedikts Regel heißt es: Der Abt soll im rechten Maß es so einrichten, dass die Guten finden, wonach sie streben und verlangen, und die Schwachen nicht abgeschreckt werden und davonlaufen. „Dein Wort ist meinem Fuß eine Leuchte, ein Licht für meine Pfade", heißt es im Psalm 119, der die Gebote Gottes preist. Die Gebote zeigen mir, wo es langgeht, sie erhellen meinen Weg, geben mir Orientierung. Mich auf den Weg machen und gehen muss ich selber, und nicht immer sind die Wegweiser eindeutig. Ich setze suchend einen Schritt vor den anderen, stolpere, verlaufe mich, gehe seltsame Umwege. Das Licht aber ist da, und es bleibt treu. So soll auch das Buch Mut machen zum Gottvertrauen. Es soll Mut geben, sich auf den Weg zu machen, auch wenn er schmal ist, wenn man auf ihm stolpern und sich verlaufen kann: Er lohnt sich. Es ist der Weg zum Leben.

Rom, im Mai 2008　　　　　　　　　　　　Notker Wolf OSB

Vom „Ewig Kurzgefassten":
Kleine Geschichte der Zehn Gebote

Margot Käßmann, die evangelische Landesbischöfin in Hannover, erzählt die Geschichte aus der Zeit, als sie noch Pfarrerin im Hessischen war und Konfirmandenunterricht gab. Die Zehn Gebote waren dran, und die Konfirmanden verdrehten die Augen: Das sind doch Regeln von vorgestern! Die junge Pastorin drehte daraufhin den Spieß um und bat die Teenies, selber Regeln zusammenzustellen, nach denen die Bewohner eines einsam gelegenen Dorfes leben könnten. Siehe da, die Regeln des fiktiven Dorfes unterschieden sich gar nicht so sehr von den Zehn Geboten: fair miteinander umgehen, dem anderen nichts wegnehmen, ihn nicht verletzen, gegenseitiger Respekt in der Partnerschaft, nicht hinter dem Rücken des anderen über einen reden, die Alten achten die Jungen und die Jungen die Alten. Jugendliche wissen heute nicht mehr unbedingt, ob Moses (oder nicht doch Abraham?) dem Volk Israel sieben oder zehn Gebote brachte – oder vielleicht sogar zwölf. Alle Zehn Gebote aufsagen können auch nur noch die wenigsten Erwachsenen: Einer Emnid-Umfrage zufolge wusste noch knapp jeder Zweite der Befragten, dass „Du sollst nicht töten" dazugehört, ebenso „Du sollst nicht stehlen" und „Du sollst nicht ehebrechen". Die Forderung, den Namen Gottes nicht zu missbrauchen oder den Sabbat/Sonntag zu heiligen, kannten weniger als zehn Prozent. Nimmt man diese Umfrage zum Maßstab, sind die Zehn Gebote aus dem kollektiven Gedächtnis der Deutschen weitgehend verschwunden, sind zur vagen Erinnerung verblasst, dass man irgendwie anständig bleiben sollte.

Und trotzdem leben sie. Die Zahl der Bücher, die über den Dekalog erschienen, ist kaum noch zu erfassen. Es sind fromme Besinnungsbücher dabei, wissenschaftliche und populärwissenschaftliche Werke. In den Medien spielen die Zehn Gebote – besonders nach dem Anschlag auf die Twin Towers in New York – plötzlich wieder eine Rolle. Philosophen versuchen, sie neu zu formulieren. Zum Beispiel Peter Sloterdijk: „Du sollst weder Eifersucht provozieren noch dich zu eifersüchtigem Handeln provozieren lassen." Eifersucht sei „die allgemeine Quelle von Gewalthandlungen. Unsere Kultur ist aber eine der bewussten Eifersuchtsentfesselung, die wir mit dem schönen Ausdruck Wettbewerb darzustellen belieben." Fernando Savater, Spaniens bekanntester Philosoph, ein bekennender Atheist, hat ein ausgesprochen überraschendes Buch über „Die Zehn Gebote im 21. Jahrhundert" geschrieben, weil er der Überzeugung ist, dass eine Demokratie ohne moralische Grundnormen nicht auskommt und dass ohne die jüdisch-christlichen Gebote die Ideale von Freiheit, Gleichheit und Brüderlichkeit sich nicht hätten entwickeln können, dass es keine Menschenrechtscharta und keinen Rechtsstaat gäbe. Die Zeiten des entgrenzten Individualismus scheinen vorbei zu sein – und damit auch die Zeit, in der die Zehn Gebote aus dem Diskurs ausgelagert waren wie ein Wintermantel, den man gerade nicht braucht und zusammen mit einer Mottenkugel in die Kleiderkiste im Keller stopft. Die Renaissance der Zehn Gebote ist aus dem Bewusstsein heraus entstanden, dass jedes menschliche Zusammenleben Regeln braucht: Glück und Willkür vertragen sich so wenig wie Liebe mit Egoismus oder Freiheit mit der Auflösung aller Strukturen. Und dennoch bleiben die Gebote der hebräischen Bibel den Menschen des 21. Jahrhunderts ein Rätsel. Sie sind so unbedingt, apodiktisch, laden die Lebensregeln religiös auf, drohen bei Nichtbeachtung mit dem Untergang. Du sollst! Du musst! Sonst droht die Sklaverei, die Beherrschung durch fremde Völker.

Die Gebote stehen an zwei Stellen im Alten Testament, der hebräischen Bibel. Im Buch Exodus, dem zweiten Buch Mose, sind sie eingebunden in die Geschichte von der Befreiung aus der Knechtschaft Ägyptens. Im dritten Monat nach dem Auszug aus der Sklaverei kommt das Volk Israel an den Berg Sinai; Moses steigt auf den Berg, der Herr kündigt Großes an, am dritten Tag blitzt und donnert es, Posaunen erschallen, Jahwe verkündet seine Gebote:

Ich bin Jahwe, dein Gott, der dich aus Ägypten geführt hat, aus dem Sklavenhaus.
Du sollst neben mir keine anderen Götter haben. Du sollst dir kein Gottesbild machen und keine Darstellung von irgendetwas am Himmel droben, auf der Erde unten oder im Wasser unter der Erde. Du sollst dich nicht vor anderen Göttern niederwerfen und dich nicht verpflichten, ihnen zu dienen. Denn ich, der Herr, dein Gott, bin ein eifersüchtiger Gott: Bei denen, die mir Feind sind, verfolge ich die Schuld der

Väter an den Söhnen, an der dritten und vierten Generation; bei denen, die mich lieben und auf meine Gebote achten, erweise ich Tausenden meine Huld.

Du sollst den Namen des Herrn, deines Gottes, nicht missbrauchen; denn der Herr lässt den nicht ungestraft, der seinen Namen missbraucht.

Gedenke des Sabbats: Halte ihn heilig! Sechs Tage darfst du schaffen und jede Arbeit tun. Der siebte Tag ist ein Ruhetag, dem Herrn, deinem Gott, geweiht. An ihm darfst du keine Arbeit tun: du, dein Sohn und deine Tochter, dein Sklave und deine Sklavin, dein Vieh und der Fremde, der in deinen Stadtbereichen Wohnrecht hat. Denn in sechs Tagen hat der Herr Himmel, Erde und Meer gemacht und alles, was dazugehört; am siebten Tag ruhte er. Darum hat der Herr den Sabbattag gesegnet und ihn für heilig erklärt.

Ehre deinen Vater und deine Mutter, damit du lange lebst in dem Land, das der Herr, dein Gott, dir gibt.

Du sollst nicht morden (töten).

Du sollst nicht die Ehe brechen.

Du sollst nicht stehlen.

Du sollst nicht falsch gegen deinen Nächsten aussagen.

Du sollst nicht nach dem Haus deines Nächsten verlangen.

Du sollst nicht nach der Frau deines Nächsten verlangen, nach seinem Sklaven oder seiner Sklavin, seinem Rind oder seinem Esel oder nach irgendetwas, das deinem Nächsten gehört.

(Exodus 20,2–17)

Es folgen zahlreiche Bestimmungen fürs tägliche Zusammenleben, dann Vorschriften für den Gottes- und Priesterdienst; weil Moses überhaupt nicht zurückkommt und die Prozedur dem Volk zu lange dauert, erschafft es sich aus Gold ein Kalb und betet es an. Aus Wut darüber zerschmettert der vom Berg Zurückgekehrte die Steintafeln mit den Geboten Gottes; als der Zorn verraucht ist, meißelt er sie neu.

Die Fassung im fünften Buch Mose, dem Deuteronomium, unterscheidet sich vor allem im Sabbatgebot. Es wird nicht mit Gottes Ruhe nach dem Schöpfungswerk begründet, sondern mit Gottes Befreiungshandeln beim Auszug aus Ägypten:

Achte auf den Sabbat: Halte ihn heilig, wie es dir der Herr, dein Gott, zur Pflicht gemacht hat. Sechs Tage darfst du schaffen und jede Arbeit tun. Der siebte Tag ist ein Ruhetag, dem Herrn, deinem Gott, geweiht. An ihm darfst du keine Arbeit tun: du, dein Sohn und deine Tochter, dein Sklave und deine Sklavin, dein Rind, dein Esel und dein ganzes Vieh und der Fremde, der in deinen Stadtbereichen Wohnrecht hat. Dein Sklave und deine Sklavin sollen sich ausruhen wie du. Denk daran: Als du in Ägypten Sklave warst, hat dich der Herr, dein Gott, mit starker Hand und hoch erhobenem Arm dort herausgeführt. Darum hat es dir der Herr, dein Gott, zur Pflicht gemacht, den Sabbat zu halten. (Dtn 5,6–21)

Das neunte Gebot lautet hier: „Begehre nicht deines Nächsten Weib." Erst im Folgevers sind Haus, zusätzlich

Acker, dann Knecht, Magd, Rind und Esel aufgelistet. Die Fassung im fünften Buch Mose gilt als jünger verglichen mit dem Katalog aus dem Buch Exodus. Juden und Christen haben die Texte zu zehn Geboten zusammengefasst – so lassen sie sich leichter lernen, merken und abzählen. Im Judentum gehört der Satz „Ich bin Jahwe, dein Gott" zum ersten Gebot; im Christentum gilt er auch als Präambel zu den nun folgenden Geboten. Das Bilderverbot ist ein eigenständiges Gebot; so sehen es auch die orthodoxen und reformierten Christen sowie die Sieben-Tages-Adventisten. Katholiken und Lutheraner sehen dagegen das Bilderverbot als Teil des Verbots, fremde Götter anzubeten. Sie trennen das Verbot, des anderen Haus und Besitz zu begehren, ins neunte und zehnte Gebot, für Juden, Orthodoxe und Reformierte dagegen handelt es sich um ein einziges Begierdeverbot, das sie im zehnten zusammenfassen.

Zur Enttäuschung aller Liebhaber üppig ausgestatteter Mosesfilme und dramatischer Szenen hat die Mosesoffenbarung auf dem Berg Sinai nie stattgefunden. Die Zehn Gebote sind in einem jahrhundertelangen Prozess entstanden und das Ergebnis immer wieder neuer Redaktionsarbeiten. So sind die ersten drei Gebote, die Gottesgebote, ausführlich begründet; sie sind wohl später entstanden als die sozialen Gebote vier bis zehn, die bis in die Nomadenzeit des Volkes Israel zurückdatiert werden (1500 bis 1000 vor Christus). Die heutige Fassung entstand nach Auffassung der meisten Bibelforscher erst im ersten Jahrhundert nach Christus. Seine Wirkung aber entfaltete der Dekalog schon lange vorher; Vorformen des Dekalogs gab es wohl seit dem achten vorchristlichen

Jahrhundert. Sie waren Zeichen des Bundes Gottes mit dem Volk Israel, nicht nur ein einfacher Moralkodex; gegen sie zu verstoßen, bedeutete, den Bund mit Gott zu lösen.

Jesus von Nazareth setzt die Zehn Gebote als bekannt und gültig voraus; er verschärft und radikalisiert sie: Schon der Hass mordet, die Begierde und die Eifersucht brechen die Ehe, jeder Eid ist ein falsches Zeugnis, wer sein Herz ans Geld hängt, betreibt Götzendienst. Vor allem aber fasst Jesus die Gebote im Doppelgebot der Gottes- und Nächstenliebe zusammen:

Das erste ist: Höre, Israel, der Herr, unser Gott, ist der einzige Herr. Darum sollst du den Herrn, deinen Gott, lieben mit ganzem Herzen und ganzer Seele, mit all deinen Gedanken und all deiner Kraft. Als zweites kommt hinzu: Du sollst deinen Nächsten lieben wie dich selbst. Kein anderes Gebot ist größer als diese beiden. (Mk 12, 29 ff)

Auch die rabbinische Tradition kennt in der Zeit Jesu dieses Doppelgebot, aber Jesus stellt es ins Zentrum seiner Lehre: Um des Liebesgebotes willen können die Vorschriften der Zehn Gebote gebrochen werden – ohne dadurch ungültig zu werden. Paulus von Tarsus entwickelt diese Idee weiter: Die Zehn Gebote sind in der Nachfolge Christi und im Doppelgebot der Gottes- wie Nächstenliebe aufgehoben; entscheidend ist das Liebesgebot:

Wenn ich mit Menschen-, ja mit Engelszungen redete und hätte aber die Liebe nicht, so wäre ich ein tönendes Erz oder eine klingende Schelle ... Und wenn ich all meine Habe den Armen gäbe und für Christus durchs Feuer ginge und hätte aber die Liebe nicht, es nützte mir nichts. Die Liebe ist langmütig und freundlich, sie kennt keine Eifersucht, sie prahlt nicht, sie bläht sich nicht auf, sie handelt nicht taktlos, sie sucht nicht den eigenen Vorteil, sie wird nicht bitter durch schlechte Erfahrung, sie rechnet das Böse nicht zu. Sie freut sich nicht über das Unrecht, vielmehr freut sie sich über die Wahrheit. Sie erträgt alles, sie glaubt alles, sie hofft alles, sie duldet alles. Die Liebe hört niemals auf ... Nun aber bleiben Glaube, Hoffnung, Liebe, diese drei; aber die Liebe ist die größte unter ihnen.

(Erster Korintherbrief 13,1–13)

Die an die ersten drei Gebote gebundenen jüdischen Kult- und Opfergesetze spielen keine Rolle mehr – das neu entstehende Christentum trennt sich vom Judentum. Die Zehn Gebote verbinden und unterscheiden zugleich; sie sind das gemeinsame Erbe, doch sie halten nicht mehr als Rechtsvorschrift und Bundesschluss ein Volk in Gott zusammen; sie werden zum universalen Leitfaden des gottesfürchtigen und richtigen Lebens. Kein Zufall, dass der Heilige Augustinus die Gebote in der Form formulierte, die tausend Jahre später Martin Luther aufgreifen sollte: Der einstige Lebemann wusste um die Kraft der klaren, kurz gefassten Regeln.

Doch ohne Martin Luther, dem Reformator aus Wittenberg, hätte der Dekalog nicht die Bedeutung erhalten, die er heute im Christentum hat. Auch die Beichtspiegel des 14. und 15. Jahrhunderts hatten sich schon an den Zehn Geboten orientiert, aber erst Luthers Katechismus fasste sie in seiner eigenen, über die Konfessionsgrenzen wirkenden Sprachgewalt zusammen:

Das erste Gebot
ICH BIN DER HERR, DEIN GOTT. DU SOLLST KEINE ANDEREN GÖTTER HABEN NEBEN MIR.
Was ist das? – Wir sollen Gott über alle Dinge fürchten, lieben und vertrauen.

Das zweite Gebot
DU SOLLST DEN NAMEN DES HERRN, DEINES GOTTES, NICHT UNNÜTZ GEBRAUCHEN; DENN DER HERR WIRD DEN NICHT UNGESTRAFT LASSEN, DER SEINEN NAMEN MISSBRAUCHT.
Was ist das? – Wir sollen Gott fürchten und lieben, dass wir bei seinem Namen nicht fluchen, schwören, zaubern, lügen oder trügen, sondern ihn in allen Nöten anrufen, beten, loben und ihm danken.

Das dritte Gebot
DU SOLLST DEN FEIERTAG HEILIGEN.
Was ist das? – Wir sollen Gott fürchten und lieben, dass wir die Predigt und sein Wort nicht verachten, sondern es heilig halten, gerne hören und lernen.

Das vierte Gebot
DU SOLLST DEINEN VATER UND DEINE MUTTER EHREN, AUF DASS DIR'S WOHLERGEHE UND DU LANGE LEBEST AUF ERDEN.

Was ist das? – Wir sollen Gott fürchten und lieben, dass wir unsere Eltern und Herren nicht verachten noch erzürnen, sondern sie ihn Ehren halten, ihnen dienen, gehorchen, sie lieb und wert haben.

Das fünfte Gebot
DU SOLLST NICHT TÖTEN.
Was ist das? – Wir sollen Gott fürchten und lieben, dass wir unserm Nächsten an seinem Leibe keinen Schaden noch Leid tun, sondern ihm helfen und beistehen in allen Nöten.

Das sechste Gebot
DU SOLLST NICHT EHEBRECHEN.
Was ist das? – Wir sollen Gott fürchten und lieben, dass wir keusch und zuchtvoll leben in Worten und Werken und in der Ehe einander lieben und ehren.

Das siebte Gebot
DU SOLLST NICHT STEHLEN.
Was ist das? – Wir sollen Gott fürchten und lieben, dass wir unseres Nächsten Geld oder Gut nicht nehmen noch mit falscher Ware oder Handel an uns bringen, sondern ihm sein Gut und Nahrung helfen bessern und behüten.

Das achte Gebot
DU SOLLST NICHT FALSCH ZEUGNIS REDEN WIDER DEINEN NÄCHSTEN.
Was ist das? – Wir sollen Gott fürchten und lieben, dass wir unseren Nächsten nicht belügen, verraten,

verleumden oder seinen Ruf verderben, sondern sollen ihn entschuldigen, Gutes von ihm reden und alles zum Besten kehren.

Das neunte Gebot
DU SOLLST NICHT BEGEHREN DEINES NÄCHSTEN HAUS.
Was ist das? – Wir sollen Gott fürchten und lieben, dass wir unserm Nächsten nicht mit List nach seinem Erbe oder Hause trachten und mit einem Schein des Rechts an uns bringen, sondern ihm dasselbe zu behalten förderlich und dienlich sein.

Das zehnte Gebot
DU SOLLST NICHT BEGEHREN DEINES NÄCHSTEN WEIB, KNECHT, MAGD, VIEH NOCH ALLES, WAS SEIN IST.
Was ist das? – Wir sollen Gott fürchten und lieben, dass wir unserm Nächsten nicht seine Frau, seine Gehilfen oder sein Vieh ausspannen, abwerben oder abspenstig machen, sondern dieselben anhalten, dass sie bleiben und tun, was sie schuldig sind.

WAS SAGT NUN GOTT ZU DIESEN GEBOTEN ALLEN?
Er sagt so: Ich, der Herr, dein Gott, bin ein eifernder Gott, der an denen, die mich hassen, die Sünde der Väter heimsucht bis zu den Kindern im dritten oder vierten Glied, aber denen, die mich lieben und meine Gebote halten, tue ich wohl bis in tausend Glied.
Was ist das? – Gott droht zu strafen, die diese Gebote übertreten, darum sollen wir uns fürchten vor seinem Zorn und nicht gegen seine Gebote handeln. Er verheißt aber Gnade und alles Gute allen, die diese Ge-

bote halten; darum sollen wir auch ihn lieben und vertrauen und gerne tun nach seinen Geboten.

Der freie Christenmensch soll bei Martin Luther anhand des Katechismus sein Gewissen erforschen, erkennen, was er falsch gemacht hat und woran er sein Leben ausrichten soll; das gleiche Ziel hat der reformierte Heidelberger Katechismus von 1563. Bald schon gab es auch in der katholischen Kirche Katechismen, die den christlichen Glauben in allgemein verständlicher Form zusammenfassten, und in allen spielten die Zehn Gebote eine zentrale Rolle. Der Einzelne sollte das Regelwerk auch zuhause im Kopf, im Herzen und auch in der Hand haben, die Katechismen dienten der Selbstvergewisserung der Konfessionen, aber auch der persönlichen Aneignung des Glaubens – ein großer Fortschritt.

Und doch leistete die Katalogisierung auch der Erstarrung und Einengung Vorschub – aus der Richtschnur wurde das Gängelband, aus dem Geist der Buchstabe. Die Kasuistik, die sich im Katholizismus des 18. und in der ersten Hälfte des 19. Jahrhunderts entwickelte, versuchte, aus den Regeln konkrete Gesetze zu machen. Noch in den 50er- und 60er-Jahren des 20. Jahrhunderts beherrschte Kasuistik den Umgang mit den Zehn Geboten: Wenn ich der Mutter zwei Mark aus der Geldbörse stehle, ist es eine lässliche Sünde, ab 2 Mark und einem Pfennig ist es eine schwere Sünde. Solche wenig menschlichen Regeln sind eine Erfindung des 19. Jahrhunderts, da war das viel geschmähte Mittelalter liberaler, flexibler. Auch im Protestantismus waren die Gebote Teil eines einengenden und Angst verbreitenden Regelwerks. Es traten die Befürchtungen der Kirchen zutage, die ihre institutionelle Macht in Gefahr sahen und noch nicht begriffen, welche großen geistigen und geistlichen Möglichkeiten gerade dieser Verlust an weltlicher Macht, an gewaltsamem Zugriff auf die Herzen und Hirne der Menschen mit sich brachte. Es fehlte in den Kirchen, gerade in vielen evangelischen Pfarrhäusern, die Freude, der Humor. Auch heute noch trifft man Menschen, die sagen: Man hat mir die Schuldgefühle so eingeimpft, ich kann im Leben nicht mehr froh werden. Immer schaut mir Gott strafend über die Schulter, er ängstigt mich, ich bin nur ein Sünder. Der gnädige Gott, den Martin Luther suchte, hat da keine Chance. So verstanden haben die Zehn Gebote eine schreckliche Botschaft: Du darfst nicht Ja zu Dir selber sagen. Du darfst nicht Ja zu Deinem Leib sagen, zu Deinen Träumen und Bedürfnissen, zu Deinen Gefühlen. Dann sind die Zehn Gebote ein grausames Programm der Selbstbeschränkung, der Einengung, der Unterdrückung der Persönlichkeit.

Verständlich, dass es immer wieder Kritik an diesem starren Regelwerk gab. Immanuel Kant, der Philosoph der Aufklärung, fand die Gebote richtig und wichtig, löste sie aber aus dem religiösen Kontext, säkularisierte die Moral: „Handle nur nach derjenigen Maxime, von der du wollen kannst, dass sie ein allgemeines Gesetz werde." Für Friedrich Nietzsche waren die Gebote der Gottes- und Nächstenliebe Zeichen der Dekadenz, des Niedergangs einer Kultur: „Die Entselbstungs-Moral ist die typische Niedergangs-Moral par excellence", schreibt er 1888. Am wirksamsten war wohl Sigmund Freuds Kritik an den christlichen Geboten von 1929: Das Über-Ich tue dem Ich Gewalt an, das Liebesgebot sei „ein ausgezeichnetes Beispiel für das unpsychologische Vorgehen des Kultur-Über-Ichs. Das Gebot ist undurchführbar; eine so großartige Inflation der Liebe kann nur deren Wert herabsetzen, nicht die Not beseitigen." Freud formulierte den Protest der unabhängigen Persönlichkeit gegen die Bevormundung, gegen das Regiment der Angst, gegen die Überforderung durch ein starres Idealbild. Die 68er-Generation griff diese Kritik auf: Die althergebrachten Gebote engen ein, verhindern die Persönlichkeitsentfaltung, gehören abgeschafft: „Wer zweimal mit der selben pennt, gehört schon zum Establishment!", hieß die Gegenparole zum sechsten Gebot. Dass dahinter neuer Zwang und neue Unterdrückung standen, übersahen die meisten, die solche Sprüche klopften. Und bald waren die neuen Regeln mindestens so streng wie die alten: Du musst an den Sozialismus glauben, bestimmte Begriffe verwenden, diese und jene Meinung haben, um zu dieser oder jener Gruppe gehören zu dürfen. Und wehe dem, der gegen diese Codices verstieß: der war ausgestoßen, dem fehlte das richtige Bewusstsein, und über Bewusstsein konnte man nicht diskutieren.

Am Ende reifte die Erkenntnis: lieber in Gottes Hand als in der Hand irgendwelcher Sektierer. Und es zeigte sich, dass die alten Gebote ihre Kraft behalten hatten, dass ihnen weder die religiösen Buchhalter und die Angstmacher in den Kirchen etwas anhaben konnten noch die Propheten des totalen Individualismus und der grenzenlosen Freiheit. Am besten hat wohl Thomas Mann in seiner Erzählung „Das Gesetz" das Faszinierende des „Ewig-Kurzgefassten" und des „Bündig-Bindenden", wie er die Gebote nennt, beschrieben. Von Moses schreibt er: „Seine Geburt war unordentlich, darum liebte er leidenschaftlich die Ordnung, das Unverbrüchliche, Gebot und Verbot. Er tötete früh im Auflodern, darum wusste er besser als jeder Unerfahrene, dass Töten köstlich, getötet zu haben aber höchst grässlich ist, und dass du nicht töten sollst." Moses hat das Töten, das Scheitern vorm ewigen Gesetz kennengelernt, gerade darum ist er berufen, es zu verkünden. Er weiß, dass das Chaos nach Ordnung ruft, dass ohne Regeln des Menschlichen die Unmenschlichkeit herrscht; es geht ums „Menschenbenehmen", um den „Fels des Anstandes". Er malt die Gebote, die er in Steintafeln meißelt, zur besseren Sichtbarkeit mit seinem Blut aus: Sie sind lebens- und erfahrungsgetränkt. Thomas Mann schreibt die Erzählung 1943 im amerikanischen Exil, in Deutschland herrscht Adolf Hitler, der verkündet hat: „Der Tag wird kommen, an dem ich gegen diese Gebote die Tafeln des neuen Gesetzes aufrichten werde – gegen die sogenannten Zehn Gebote kämpfen wir!"

Nationalsozialisten und Kommunisten bekämpften die Zehn Gebote, weil diese Gebote totalitären Ansprüchen entgegenstehen. Recht ist, was dem deutschen Volke oder dem Sozialismus dient: Das verträgt sich nicht mit den Geboten der Gottesachtung, der Menschlichkeit, dem unbedingten Respekt vor dem anderen. Sie sind antidiktatorisch, sie wollen nicht das Paradies auf Erden herbeizwingen, sie sind die Anwälte des Menschenanstands – und es ist schon interessant, wie viele derjenigen, die vor 40 Jahren noch überzeugte Revolutionäre waren, inzwischen davon überzeugt sind, dass eine Gesellschaft Regeln braucht, die jenseits aller Ideologien gelten. Die Gebote der Bibel sind nicht nur anti-diktatorisch, sie sind auch anti-egoistisch. In den westlichen Industriestaaten hat sich – trotz aller Rechtsstaatlichkeit und Demokratie – ein unglaublicher Egoismus ausgebreitet, dessen Folgen wir noch gar nicht absehen können. Mit ihm verbunden ist eine große Orientierungslosigkeit, auch für junge Menschen. Die Zehn Gebote geben dem Menschen eine innere Orientierung, wenn sie einsichtig realisiert werden, wenn es um ihren Sinn geht und nicht um einen Buchstabengehorsam. Die Zehn Gebote sind von der Vernunft her einsehbar; sie sind dem Menschen von Grund auf ins Herz gegeben.

Die Gebote des Dekalogs sind zudem nicht Sache einer Kirche oder einer Religion. Sie sind die Sache der Katholiken und Protestanten, der Anglikaner, Orthodoxen, der Freikirchen, aller Christen. Sie leben aus der Erkenntnis, dass der Christ nicht vor irgendeinem Pfarrer oder einer Kirche geradesteht für das, was er tut, sondern vor Gott. Sie sind damit zutiefst ökumenisch, weil sie die christlichen Konfessionen verbinden. Sie sind darüber hinaus auch eine Grundlage des religiösen Gesprächs. Mit den Juden sowieso, aber auch mit dem Islam: In Sure 17 findet sich eine Reihe von Geboten, die mit den jüdisch-christlichen Sozialgeboten vergleichbar ist: Der Gläubige soll keinen Götzendienst betreiben, Eltern und Verwandte ehren, Bedürftige und Reisende unterstützen, Kinder nicht aus „Furcht vor Verarmung" töten und keinen Menschen, „den Gott für unantastbar erklärt hat, es sei denn bei vorliegender Berechtigung"; er soll den Besitz der Schwachen achten, Verträge halten, nicht hochmütig werden. Auch im Buddhismus gelten Töten, Stehlen, sexuelles

Fehlverhalten, Lügen, Zwietracht säen, Habgier oder Übelwollen zu den „unheilsamen Handlungen".

Die Zehn Gebote sind älter als alle staatlichen Gesetze, das Grundgesetz, das bürgerliche Gesetzbuch, das Strafgesetzbuch. Die staatlichen Gesetze regeln das bürgerliche Zusammenleben, sie drohen Strafen bei Verstößen an, niemand muss diese Gesetze aus innerer Überzeugung heraus achten, er muss es tun, weil sonst die Polizei kommt. Die Gebote der Bibel haben keine Macht, man muss sie innerlich annehmen, aus eigenem Antrieb heraus halten – und das sind ihre Stärken. Sie gehen tiefer als die staatlichen Gesetze, sie bilden den Boden, auf dem ein Gemeinwesen wachsen kann, gerade, weil sie auf Freiwilligkeit setzen. Und ohne diese freiwillige Begrenzung droht ein Gemeinwesen auseinanderzudriften – Gesetze alleine beseitigen den Egoismus und die Orientierungskrise nicht. Auch der freieste Mensch braucht eine Struktur im Leben, sonst kann er nicht frei leben. Freiheit und Struktur gehören zusammen; die Struktur muss flexibel bleiben, das hat auch der heilige Benedikt gesehen, der Stifter des Benediktinerordens. Die Benediktiner haben früher, als es noch kein elektrisches Licht gab, im Winter neun Stunden geschlafen, im Sommer nur fünf. Und in der Regel heißt es: Eigentlich ist der Alkohol nichts für Mönche. Aber weil sie heutzutage, also im 6. Jahrhundert, nicht mehr davon zu überzeugen sind, gestehen wir ihnen einen halben Liter pro Tag zu. Sollte die Arbeit schwer sein, darf der Abt mehr genehmigen – oder auch in der Sommerhitze. Es handelt sich eben nicht um Gesetze, sondern um Regeln, die flexibler sind als viele Zumutungen der Moderne.

Zudem kennen die Regeln das Scheitern, die Grenzen des Menschen, wie das schon Thomas Mann beschrieben hat: Erst jener Moses, der getötet hat, kann den Wert des Gebotes „Du sollst nicht töten" erfassen. Die Bibel verkündet die Botschaft der Vergebung und der Versöhnung. Jesus hat gesagt: Du kannst scheitern, danebenhauen, du wirst scheitern, danebenhauen. Aber es gibt das Verzeihen und die Umkehr. Jesus hat sich, seinen Leib und sein Blut, hingegeben zur Vergebung der Sünden, so heißt es in der katholischen Heiligen Messe, im Hochgebet. Und das ist das Zentrale des Christentums: Durch Jesu Tod, durch sein scheinbares Scheitern, sind die Sünden vergeben, heilt das Zerbrochene, gibt es den neuen Anfang.

Deshalb also sind die Zehn Gebote auch heute aktuell, fast 3000 Jahre nach ihrer Entstehung. Sie sind unzählbar oft gebrochen worden, auch von Priestern, Bischöfen, Päpsten. So viele Regierungen, die sich aufs Christentum beriefen, haben sie mit den Füßen getreten, haben im Namen Gottes gemordet und Menschen zerstört. Aber die Gebote sind geblieben: in ihrer scheinbaren Ohnmacht, als Bollwerk der Menschlichkeit gegen ihre Zerstörer, als Anklage und Waffe der Machtlosen gegen die Tyrannen, als Instrument der Selbsterkenntnis für alle, die glauben, alles besser zu wissen und richtig zu machen.

1. Gebot:
Du sollst keine fremden Götter neben mir haben

Sieh an, Gott ist eifersüchtig! Der Gott der Juden und später der Christen will der Einzige sein, und das in einer Welt voller Götter! Über die gesamte Antike hinweg war das ein befremdlicher, empörender Gedanke. Die Römer haben den Monotheismus der Christen dahingehend missverstanden, dass sie die ersten Christen des Atheismus anklagten: Nur ein Gott – das ist so gut wie gar keiner. Dass es nur einen Gott gibt, ist ein uralter Gedanke; Pharao Echnaton bestimmte vor mehr als 3300 Jahren, dass Aton der einzige Gott Ägyptens sei, wobei der Aton-Kult offenbar tolerant gegenüber anderen Göttern war, solange klar blieb, wer der Herr im Himmel ist. Jahwe, der Gott der Israeliten, fing da im sechsten Jahrhundert bescheidener an: Nicht der mächtigste Mann der damaligen Welt ordnete seine Verehrung an. Jahwe war der Lokalgott der Israeliten rund um Jerusalem, er musste sich ab dem sechsten vorchristlichen Jahrhundert mühsam gegen die anderen Götter der Region durchsetzen, er war ein Allmächtiger auf Widerruf. Aber Jahwe war zäh. Und er hatte gegenüber seinen Konkurrenten zwei Vorteile: Seine Verehrung war nicht an teure Standbilder gebunden, seine Tempel konnten zerstört, seine Priester getötet oder in alle Winde verstreut werden – Jahwe war immer noch da. Der Glaube an ihn war nicht an seinen innerweltlichen Erfolg gebunden. Und: Der Gott Israels konnte furchtbar eifersüchtig sein.

Gott ist eifersüchtig, das klingt befremdlich, merkwürdig unsouverän. Muss der Höchste nicht tolerant sein und über den Dingen stehen, nachsichtig milde auf die tägliche Untreue der Menschen herabsehen, die es nicht besser wissen und die nicht anders können? Doch kein Gott ist persönlicher, den Menschen näher, als einer, der eifersüchtig ist. Durch das ganze Alte Testament zieht sich dieser sehr personale Gottesbegriff. Gott sorgt sich um sein Volk. Er hat mit ihm nicht nur einen Vasallenbund geschlossen, er ist ein Liebesverhältnis eingegangen. Und deshalb ist er auch eifersüchtig, so, wie ein Liebender eifersüchtig ist. Er schenkt seinem Volk alles. Er bewahrt Israel vor den anderen, übermächtigen Völkern. Und dann hurt dieses Volk, es geht fremd. Das empört Gott. Der Prophet Hosea schimpft mit dem untreuen Volk Israel: „Geh, nimm dir eine Dirne und zeuge Dirnenkinder! Denn das Land hat den Herrn verlassen und ist zur Dirne geworden." Er übermittelt die Trauer des verletzten Gottes, der schimpft: So geht ihr mit mir um! Wenn ihr die Sache mit mir nicht ernst nehmt, dann braucht ihr auch die anderen Gebote und alle Regeln des Anstands nicht ernst zu nehmen.

Gott hat sich in die Menschen verliebt. Er offenbart sich als verrückt Liebender. Wer liebt, ist verrückt, und ein Gott, der so liebt, dass er sich für die Menschheit hingibt, kann nicht anders, als maßlos verrückt sein. Gott offenbart sich in einer sehr menschlichen Weise, um uns nahe zu sein, auch den Kleinsten. Ein japanischer Buddhist sagte einmal, ein Gott, der am Kreuz stirbt, könne kein Gott sein, das sei unter der Würde Gottes. Aber weil Gott so liebt, hofft er auf Treue. Und das bringt die Frage der Gebote auf eine zwischenmenschliche Ebene. Ein Gott, der sich so sehr für sein Volk einsetzt, erwartet auch, dass dieses Volk die erwiesene Liebe nicht einfach wegschmeißt. Der eifersüchtige Gott nimmt sein Volk ernst, es ist ihm nicht gleichgültig, was die Menschen tun. Der Gott der Juden und der Christen ist kein Uhrmachergott, der die Menschen konstruiert, sie aufzieht, und wohin sie dann laufen, interessiert ihn nicht mehr. Der Gott Israels hat eine lebendige Beziehung zu seinem Volk. Deshalb hält er auch den Wankelmut der Erwählten aus – und gerade die Erwählten haben Gott auf die härtesten Proben gestellt. Immer, wenn sie ein bisschen Sehnsucht nach den Fleischtöpfen Ägyptens bekamen, wurden sie untreu. Die babylonische Gefangenschaft haben die Schreiber der jüdischen Bibel als Konsequenz der Untreue zu Gott gesehen: Das Volk hat Gottes Liebe abgelehnt, Gott hat sich abgewandt, und die Katastrophe ist hereingebrochen.

Ein Gott, der eifersüchtig werden kann, ist ein höchst lebendiger Gott. Das haben die Psalmisten gespürt, als sie die polytheistische Konkurrenz, angefangen beim Baals-Kult, verspotteten: Sie haben Augen und sehen nicht, sie haben Ohren und hören nicht, sie haben einen Mund und können doch nicht reden, Nasen und können doch nicht riechen, Füße, und gehen nicht. Das trifft: Alles Gold und alle Pracht machen die Standbilder nicht lebendig. Der jüdisch-christliche Gott ist auch anders als der einzige Gott der griechischen Philosophen Platon und Aristoteles. Aristoteles beschrieb in seiner Metaphysik Gott als „ewiges unbewegtes, selbständig existierendes Wesen" und empörte damit alle, die an den überfüllten griechischen Götterhimmel glaubten. Aber bei Aristoteles hat Gott die Welt von außen her in Gang gesetzt, bei Platon ist die Kraft, die die Geschichte anstößt, sogar die Liebe. Aber Gott bleibt trotzdem abstrakt, verglichen mit dem lebendigen Gott der Juden und später auch der Christen. Er ist ein Prinzip, eine Gedankenkonstruktion.

Und auch der Deismus der Aufklärer im 18. Jahrhundert bleibt blass, verglichen mit dem verliebten, eifersüchtigen Gott in der hebräischen Bibel. Für René Descartes oder Immanuel Kant war Gott das Prinzip des Guten, des moralisch Richtigen und des Nützlichen. Das ist sicher eine Dimension des Göttlichen, aber eben nur eine. Wie langweilig ist ein Gott, der, wie eine allgegenwärtige Sittenpolizei, fürs Gute, Schöne, Richtige sorgen muss! Es ist ein Gott ohne Liebesbeweise, ohne geheimnisvolle und unfassbare Seiten, es ist der Gott, den später die Religionskritik ins Visier nahm: Ein Funktions-Gott, der das nicht bewirkt, was er bewirken soll, der den Mächtigen vielleicht ein Regiment Polizisten spart, aber trotzdem das Böse aus der Welt schafft und die menschliche Schwäche beseitigt, der muss eine Fälschung sein, eine menschliche Erfindung, eine Projektion menschlicher Sehnsüchte. Der französische Philosoph Blaise Pascal hatte am 23. November 1654 eine mystische Gotteserfahrung, die er in seinem berühmten Mémorial niederschrieb, das er bis zu seinem Tod immer wieder neu ins Futter seiner Jacken einnähte. Es beginnt mit dem Satz: „Gott Abrahams, Gott Isaacs, Gott Jakobs, nicht der Philosophen und Gelehrten". Das bringt den Unterschied auf den Punkt. Der

Gott der Philosophen und Gelehrten ist klug erdacht und fein beschrieben, die Philosophen und Gelehrten versuchen einen Gott zu beschreiben, der sich von der vielfach bedrängten Kirche löst, damit aber auch von einem konkreten, lebendigen Glauben.

Der Gott der Propheten aber bleibt der lebendige Gott. Gerade als sich Offenbarender geht er auf den Menschen zu, tritt aus seinem Geheimnis heraus. Der Gott Abrahams greift in das Leben dieses Menschen und seiner Familie ein. Der Gott des Mose tut es genauso und beruft Mose zum großen Dienst an der Befreiung seines Volks, obwohl der eigentlich gar nicht will. Der Gott des Paulus greift ebenso in dessen Leben ein und ändert entscheidend dessen Richtung. Gerade Paulus ist ein Beispiel dafür, wie leicht wir uns eine falsche Gottesvorstellung machen, Gott aber ganz anders ist. Dieser Gott bleibt widersprüchlich, geheimnisvoll, unheimlich. Er fordert jeden heraus, der sich ihm nähert. Man muss und man kann mit ihm ringen. Jakob hat mit ihm gerungen, am Fluss Jabbok; der Gesandte Gottes gab ihm einen Schlag aufs Hüftgelenk, sodass es sich ausrenkte, aber Jakob ließ nicht los, sodass Gott ihn, als es Morgen wurde, segnen musste. Der dänische Philosoph Sören Kierkegaard unterschied sich im 19. Jahrhundert gerade darin von den Philosophen der Aufklärung, dass er sein Leben lang um jenen Gott rang, den er als unfassbar, sich der Rationalität immer wieder entziehend beschrieb. Wer an den Gott der Philosophen glaubt, glaubt an ein Prinzip, das man mehr oder weniger gut erkennen und beschreiben kann, und sicherlich ist diese Rationalität für einen reifen Glauben wichtig. Wenn ich aber an den Gott der Propheten glaube, dann habe ich darüber hinaus einen Partner, den ich lieben und an dem ich zweifeln kann, mit dem ich immer wieder ringen muss. Das Leben ist dann eine durchgehende Auseinandersetzung, sogar ein Kampf mit Gott. Dieser Kampf bleibt auch den frömmsten Menschen nicht erspart, auch denen nicht, die ihr ganzes Leben auf Gott hin ausrichten. Der Mensch kämpft um seine Autonomie, er kämpft darum, Gott zu verstehen, und manchmal auch darum, seinen eigenen Willen an die Stelle des Gotteswillens zu setzen. Und meistens merkt er am Ende selber: Du bist gescheitert, weil du Gott auf die Seite geschoben hast.

Der eifersüchtige Gott ist ein anspruchsvoller Gott. Er passt nicht in unsere Gottesvorstellung, er durchkreuzt, was wir in unserer menschlichen Begrenztheit von ihm denken. Er ist wie ein anspruchsvoller Partner, der nicht mit teuren Geburtstags- oder Weihnachtsgeschenken zufrieden ist, dem es ums Herz und um die Seele geht, um die tiefe Beziehung. Das ist gewissermaßen der Nachteil des Gottes, der das Volk Israel durch die Zeit begleitet, und das hat die anderen Götter für das Volk Israel immer wieder attraktiv gemacht. Baal und Kollegen waren leichter zufriedenzustellen als dieser einzige Gott. Die Götter der antiken Welt waren volkswirtschaftlich gesehen praktischer. Sie wollten Opfer, sie repräsentierten ein klares Preis-Leistungs-Verhältnis, ihre Verehrung förderte die Wirtschaft, das Kunsthandwerk, die Architektur, den Pilgertourismus. Die Silberschmiede und die Bildhauer waren die erbittertsten Gegner des einzigen Gottes, der keine anderen Götter neben sich wollte. Der Gott Abrahams, Isaaks und Jakobs aber ist immer unpraktisch. Er will den ganzen Menschen, weil ja auch er ganz für die

Menschen da sein will. Er ist nicht zufrieden mit Statuen, Opfern, Geschenken. Das ängstigt und verunsichert; man braucht Mut, sich darauf einzulassen. Ein Partner, der mit netten Geschenken zufrieden ist und ansonsten keine tiefere Beziehung will, kann eine Zeit lang sehr viel angenehmer sein als einer, der aufs Ganze geht. Und der Gott des ersten Gebots ist ein Gott, der aufs Ganze geht. Das ängstigt, verunsichert, bringt den Gläubigen an seine Grenzen. Und trotzdem: Wer sich auf eine solche Beziehung einlässt, beschreibt sie meist als wunderbar. Der anspruchsvoll liebende Gott ist ja kein Willkürgott, wie auch eine anspruchsvolle Liebe nicht willkürlich sein darf. Dieser Gott will das Beste seines Partners, seines Geliebten, des Menschen. Und so haben es auch die Propheten beschrieben: Die anspruchsvolle Liebe bewirkt das Beste im Menschen, wer sie ablehnt, wer sie in die kleine Münze der schnellen, vielleicht sogar teuren Geschenke wechseln will, der geht in die Irre.

Das wunderbare an diesem anspruchsvoll liebenden Gott ist: Man kann mit Gott diskutieren, man kann mit ihm rechten. Hiob, der geschlagene Getreue Gottes, rechtet mit dem Höchsten, auch der Psalmist meckert dauernd mit Gott. Er flucht, er schimpft, was in unseren Ohren heute manchmal sehr merkwürdig klingt: Warum hörst Du nicht, Gott? Komm mir entgegen, zerschmettere meine Feinde, hilf mir endlich! Aber das ist ja das Menschliche des Glaubens der hebräischen Bibel: Ja, ich darf mit Gott hadern, ich darf ihn anmeckern. Er hält das aus, weil er ja auch den Menschen nahe sein will. Die Filme von Don Camillo und Peppone sind da zutiefst theologisch: Don Camillo kommt immer wieder in seine

Kirche und diskutiert mit Jesus, der da am Kreuz hängt. Er schimpft mit ihm, er macht ihm Vorwürfe, weil Gott nicht so will wie er, sein kämpfendes Bodenpersonal auf Erden. Er bringt seine Wünsche vor, sein Rachebedürfnis, seine Wut, er zickt mit dem Welterschaffer herum. Als eine Delegation der Benediktiner in China war und nichts voranging, es keine Passier- und Erlaubnisscheine für Reisen außerhalb von Peking gab, die Behörden Ärger machten, da habe ich auch mit Gott gerechtet: Herr, ich bin hier nicht im Urlaub. Wenn Du willst, dass sich das Regime öffnet, dann tu Du was dafür. Von mir aus fahre ich hier morgen wieder weg. Und siehe da: Es funktionierte! Auf einmal war die Erlaubnis da, ging es einen Schritt weiter, öffneten sich Türen, die wir für endgültig verschlossen hielten. Es war eine Art verzweifelter Humor. Aber er wirkt. Denn Humor ist einer der Namen des menschlichen Gottes. Er mag Humor, weil er die Merkwürdigkeiten der Menschheit wahrscheinlich nur mit viel Humor erträgt. Und weil Humor immer gut ist, wenn es um Gott geht. Er zeigt ein Abstandsbewusstsein, und das ist beim Höchsten schon angebracht, denn alle meine Vorstellungen von ihm sind begrenzt, sodass ich ihnen mit Abstand begegnen muss.

Ohne diesen Humor, dieses Abstandsbewusstsein, kann der Glaube an den Einzigen, den Eifersüchtigen, missverstanden werden – so, wie krankhafte Eifersucht eine Beziehung zerstören kann. Eine Religion, die von sich sagt, dass ihr Gott der einzige ist, wird immer Vertreter in ihren Reihen haben, die sagen: Dann dürfen die anderen Religionen nicht existieren. Jede Offenbarungsreligion hat eine immanente Tendenz zur Ausschließlichkeit und zum Fundamentalismus, auch zum Gewalttätigen. Moses schimpft mit den Kämpfern Israels: „Warum habt ihr alle Frauen am Leben gelassen. Nun bringt alle männlichen Kinder um und ebenso alle Frauen, die schon mit einem Mann geschlafen haben." Und auch die Christen haben aus Sätzen wie: „Ich bin gekommen, Feuer auf die Erde zu werfen, ich will, dass es brennt", in der Vergangenheit die Erlaubnis hineininterpretiert, gegen Andersgläubige mit Gewalt vorzugehen. Gott hat die Wahrheit verkündet, und so muss die Religion, die den Einzigen verehrt, auch Anspruch auf die Wahrheit erheben, sonst verrät sie den eifersüchtigen Gott, der keine anderen Götter neben sich duldet. Der fromme Muslim, Jude oder Christ hat immer ein spannungsvolles Verhältnis zu seiner „nichtgläubigen" Umwelt: Warum nimmt sie das Heilsangebot Gottes nicht an, wie kann der Gottlose die gleiche Berechtigung haben wie der Gottesfürchtige? Wie kann es Pluralismus im Angesicht der Wahrheit geben? Und da in den Schriften der Christen, Muslime und Juden das Böse am Ende geschlagen am Boden liegt, gibt es in allen drei Religionen die Versuchung, selber zuzuschlagen.

Religion kann in den Himmel führen und in die Hölle, gerade weil sie den Menschen so tief berührt. Sie kann Menschen zu höchster Liebe oder zu tiefstem Hass bringen, sie kann Märtyrer aus ihnen machen oder Mörder. Sie hat eine helle Seite und eine dunkle, todbringende. Und manchmal braucht es nur einen Wimpernschlag, um von der einen auf die andere zu wechseln. Die Propagandisten der dunklen Seite, die Fundamentalisten, pervertieren das erste Gebot, weil sie aus dem liebend eifersüchtigen Gott den gewalttätigen Gott machen wollen. Die Christen in der demokratischen Welt haben diesen gewaltbereiten Gott einigermaßen gebändigt. Ihre Theologen haben die mordlüsternen Stellen des Alten Testaments historisiert, ihre Pfarrer es sich abgewöhnt, über die Apokalypse zu predigen; die Christen verteidigen universale Menschenrechte und treten für weltweite Gerechtigkeit ein. Die Aufklärung, die Säkularisation, einst angetreten, die Religion überflüssig zu machen, hat in einem paradoxen Prozess zur Heilung des Religiösen, zur Abkehr von Herrschaft und Gewalt, zur Akzeptanz von Demokratie und pluraler Gesellschaft geführt. Dies ist erst einen Augenblick der Religionsgeschichte her. Im Islam hat es einen vergleichbaren Prozess noch nicht gegeben. Es fehlt bislang jener Prozess der Aufklärung, den die Christen so schmerzlich wie notwendig hinter sich gebracht haben. Und dann gibt es in der islamischen Welt zu viele Regierungen, Parteien, politische Strömungen, die ihre Macht auf die dunkle Seite der Religion stützen.

Im Islam sind die Vertreter des krankhaft eifersüchtigen Gottes derzeit am stärksten, aber es gibt sie auch im Judentum und im Christentum – und sie wachsen, werden mächtig, stärken sich gegenseitig in einer makaberen Spirale. Es ist überraschend, wie ähnlich – bei allen Unterschieden natürlich – sich der interreligiöse Fundamentalismus in Vielem ist. Er bedient sich archaischer Bilder und Folien, er ist aber eine Erscheinung des 20. Jahrhunderts: 1919 gründete sich in den USA die *World's Christian Fundaments Association*, ungefähr zur gleichen Zeit entwickelte Rabbiner Abraham Isaak Kook seine Vision vom Groß-Israel; 1928 gründete Hasan al-Banna die

Muslimbruderschaft, die Keimzelle des Islamismus. Alle drei Strömungen sind Reaktionen auf die Verlust- und Unsicherheitserfahrungen der Moderne. Alle erheben sie den Anspruch, ihre Offenbarungsschrift wörtlich und damit einzig richtig zu verstehen (was in Wahrheit nichts als Interpretation ist); alle leiten sie daraus den Anspruch ab, das Rezept für eine richtige Staats- und Gesellschaftsordnung zu haben. Die Ambivalenzen einer vielfältigen Gesellschaft sind aufgelöst in Gut-Böse-Alternativen.

Dabei ist Gott, der von sich sagt, ich bin der Einzige, gar nicht intolerant. Papst Benedikt XVI. zitiert in seiner umstrittenen Regensburger Rede am 12. September 2006 den griechischen Kaiser Manuel: „Gott hat kein Gefallen am Blut, und nicht vernunftgemäß zu handeln, ist dem Wesen Gottes zuwider. Wer also jemanden zum Glauben führen will, braucht die Fähigkeit zur guten Rede und ein rechtes Denken, nicht aber Gewalt und Drohung." Gott kann nicht gegen die Vernunft handeln, sagt der Papst damit, und deshalb ist er tolerant – er akzeptiert, dass es Menschen gibt, die sein Heilsangebot ablehnen, und er liebt diese Menschen trotzdem. Gott wird damit nicht pluralistisch und beliebig, aber er will nicht den vernichten, der nicht an ihn glaubt. Er respektiert die andere Auffassung, er akzeptiert das Nein des Menschen, er verzeiht die Seitensprünge der Gläubigen. Aber ihm ist dennoch nicht egal, was die Menschen tun. Und er kann sich nicht auf eine Stufe mit den Standbildern der Heiden stellen. Er verkündet die Wahrheit.

Das ist ein schwieriger Satz: Gott ist die Wahrheit, das Christentum verkündet die Wahrheit. Wir wissen ja, dass das Christentum nur 2000 Jahre alt ist – das ist ein Wimpernschlag in der Menschheitsgeschichte. Die Religionshistoriker haben den Weg rekonstruiert, wie der Monotheismus in Ägypten entstand und dort von den Israeliten übernommen wurde. Sie haben gezeigt, dass sich Motive wie die Jungfrauengeburt durch die Religionsgeschichte ziehen. Wir wissen also: Unsere Vorstellungen von Gott sind begrenzt, die Autoren der hebräischen Bibel wie die Evangelisten oder der Apostel Paulus suchten nach Worten und Bildern, um zu beschreiben, was im letzten Grund für den Menschen unfassbar ist. Aber dies berührt die religiöse Wahrheit nicht. Eine Religion, die sich ernst nimmt, muss sich als Weg zur Wahrheit sehen, unberührt davon, dass diese Religion eine Geschichte hat, dass die menschliche Gestalt ihre Grenzen hat. Diese Spannung muss ein Mensch, der glaubt, aushalten. Er muss dem schwankenden Grund vertrauen, er muss davon ausgehen, dass der Glaube ihn trägt und zur Wahrheit führen wird. Wer sagt, alle Religionen sind relativ, setzt ja auch ein Absolutheitskriterium. Lessings Ringparabel in „Nathan der Weise" ist ein wunderbares Lehrstück über die Toleranz – der Muslim, der Jude, der Christ, sie alle besitzen die Wahrheit und besitzen sie doch nicht. Aber streng genommen setzt Gotthold Ephraim Lessing seine Vorstellung von der Religion absolut. Für ihn steht das menschlich richtige Verhalten über den Religionen, aber auch diese Menschlichkeit erhebt einen Wahrheitsanspruch. Selbst die Mathematik kommt ohne Grundaxiome nicht aus, die letztlich Glaubensentscheidungen sind. Die Debatte, ob es mathematische Gleichungen gibt, die einfach aus sich heraus gültig sind, ist mittlerweile entschieden – es gibt sie nicht. Jede Mathematik braucht eine Grundannahme. Akzeptiert man dieses System, lässt sich in ihm rechnen, akzeptiert man es nicht, wird jede Rechnung falsch. Wir kommen also selbst in den Naturwissenschaften an einen Punkt, an dem wir etwas akzeptieren müssen und es nicht kreieren können.

Karl Rahner, der große katholische Theologe, hat die Spannung gut beschrieben: Die Wahrheit des Glaubens kann nicht rationalisiert werden, sagte er, sie muss aber plausibel sein. Sie muss also vor der Vernunft Bestand haben. Das richtet sich gegen jede religiöse Schwärmerei, das richtet sich auch gegen die allzu platte Gottesleugnung, wie sie viele der neuen Atheisten vertreten. Der religiöse Schwärmer geht allein von Gefühl und Erfahrung aus, ein intellektuelles Ringen um den Glauben ist für ihn Verrat. Das öffnet Tür und Tor für alle mögliche Esoterik und für allen möglichen Aberglauben, von Pendeln bis zu blutenden Birken und weinenden Marienstatuen. Oder es führt zu einer Religion, in der das Wohlfühlen den Glauben ersetzt. Sicher soll sich ein Christ wohlfühlen, sicher soll der Glaube dem Menschen guttun. Aber wenn einer umgekehrt sagt, Religion ist, wenn ich mich wohlfühle, der hat den Gott des ersten Gebots nicht verstanden. Ein einengender, angstmachender Gott vergiftet die Seele des Menschen, macht ihn krank. Das ist eine Seite, die andere aber ist die Gottesverniedlichung. Man macht Gott unschädlich, indem man ihn zu einer Art Lebensratgeber verkleinert. Dann kann er uns nichts mehr anhaben. Dann ist er bequem und kann uns nicht mehr auf die Pelle rücken.

Die neuen Atheisten fordern nun das Gegenteil dessen, was sich der Schwärmer wünscht. Sie propagieren die totale Rationalisierung des Glaubens: Gott muss wissenschaftlich beweisbar sein, und weil er das nicht ist, gibt es ihn nicht. Wie langweilig! Der Atheismus ist eine wichtige Herausforderung für alle Religionen: Die Gläubigen können nicht beweisen, dass Gott existiert. Also muss es auch Menschen geben, die sagen: Ich glaube nicht dran. Aber sie hätten bessere Vertreter verdient als die neuen Gottesleugner wie zum Beispiel Richard Dawkins. Das erste Gebot zeigt also einen Gott, der nicht willkürlich ist. Ihm ist die schwärmerische Willkür des selbstgemachten Glaubens fremd, aber auch die rationalistische Willkür des verkürzten Atheismus. Er entzieht sich dem Beweis, aber er will plausibel sein. Wenn die Welt im Urknall entstanden ist, wer hat den ersten unendlich kurzen Augenblick dieses Knalls ermöglicht? Wenn die Schöpfung gegen alle Wahrscheinlichkeit so unglaublich gut funktioniert – kann das nur Zufall sein? Wenn die wichtigste Bewegung für Menschenrechte, Gerechtigkeit, Solidarität in der Welt das Christentum ist – trotz allen Versagens –, steckt da nicht doch mehr dahinter als die Angst vor einer angenommenen Hölle? Wenn der Glaube so vielen Menschen hilft – kann er dann nur eine Projektion der menschlichen Wünsche sein, wie der Philosoph Ludwig Feuerbach meinte?

Glaube muss trotzdem den Zweifel kennen. Mehr noch: Der Zweifel gehört zum reifen Glauben. Was ist, wenn er stumm bleibt, der Gott, zu dem ich rufe? Warum erkenne ich ihn nicht? Die Tagebücher von Mutter Teresa, der Nobelpreisträgerin aus den Slums von Kalkutta, zeigen das: Diese zutiefst gläubige Frau hat ihr Leben lang um Gott gerungen, mit Gott gerungen. Dieser lebendige Gott ist nicht in den Griff zu kriegen. Deshalb sind der jüdische und der christliche Glaube auch gegen Magie: Magie ist der Versuch, Gott in den Griff zu kriegen, ihn auf einen bestimmten Weg zu zwingen, ihn so handeln zu lassen, wie man es sich wünscht. Dann muss der Mensch auch den Zweifel nicht aushalten – er weiß ja, dass das Beschwörungsritual funktioniert. Opferreligionen und magische Religionen sind Religionen der Angst: Mit Opfern und Beschwörungen müssen die Mächte des Himmels besänftigt werden, es gibt kein Erbarmen ohne Leistung. Wie unmenschlich diese Götter sind! Dagegen ist die Menschlichkeit eines Gottes, der sagt, ich liebe Euch, also kann ich auch eifersüchtig werden, faszinierend.

Der eifersüchtige Gott, der keine Götzen haben will, macht frei. Frei von den Götzen von heute, von der Vergötterung des Reichtums, des Erfolgs, der Vergötzung der Stars. Götze kann alles werden, was ich verabsolutiere. Früher haben die Pfarrer immer gegen Fußballspiele am Sonntag gepredigt, das sei der Götze Sport. Es hieß jedoch schlicht: Sollen die Männer doch lieber auf den Fußballplatz gehen, als zuhause zu nerven – sie können ja die Kinder mitnehmen. Es geht nicht darum, die kleinen menschlichen Schwächen als Götzendienerei zu diffamieren, dann bliebe ein kleinlicher und lebensfeindlicher Gott. Die Botschaft des ersten Gebots heißt vielmehr:

Der Eifersüchtige ist ein verliebter Gott. Die Menschen sind ihm nicht egal. Aber gerade, weil er sie liebt, gibt er den Menschen die Freiheit, ihn zu finden. Und wer den Gott des ersten Gebotes findet, der wird selber frei.

2. GEBOT:
Du sollst Dir kein Bild machen. Du sollst den Namen Gottes nicht missbrauchen.

Du sollst Dir kein Bild machen, den Namen Gottes nicht missbrauchen? Für die Menschen der Mediengesellschaft ist das ein merkwürdiges Gebot. Die Menschen machen sich Bilder von dem, was ihnen nahe ist. Sie müssen sich ein Bild von Gott machen, damit der Glaube Gestalt annimmt. Und sie haben sich auch die gesamte christliche Geschichte hindurch Bilder von Gott gemacht. Die abendländische Kunst wäre arm, hätten sich die Christen so streng an das Bilderverbot gehalten, wie es die Muslime tun, für die es die Kunst der schönen Schrift und die Kunst des Moscheebaus gibt, die atemraubende Werke hervorgebracht hat, aber nicht die religiöse Malerei, wie sie sich im Christentum entwickelt hat – nicht einmal das Gesicht Mohammeds, des Propheten, darf auf einem Bild gezeigt werden. Allerdings gab es auch in den christlichen Kirchen immer wieder Bildverbote. In Byzanz kam es ab dem 8. Jahrhundert zu mehreren Wellen eines Bilderstreits. Überhaupt war man im Osten in Anlehnung an das alttestamentliche Bildverbot und im Hinblick auf die Geistigkeit Gottes die ersten Jahrhunderte mit Bildern sehr zurückhaltend. Die Ikonenmalerei kam erst im 6. Jahrhundert auf. Der Westen stand den Bildern unbefangener gegenüber und gab ihnen eine stärker pädagogische Funktion, im Mittelalter waren Bilder und Kirchenfenster eine „Bibel der Armen" für alle, die nicht lesen konnten. Später sah der Calvinismus in religiösen Bildern und Statuen dann das Werk des Teufels, seine Anhänger zerstörten viele hundert Kunstwerke.

Der Münsteraner Theologe Johann Baptist Metz hat vor einigen Jahren den Gedanken des Bilderverbots aufgegriffen und zu Recht angemerkt, dass Gott nie mediengerecht sein kann. Daraus hat er geschlossen, dass das Fernsehen darauf verzichten sollte, Gottesdienste zu übertragen. Die Forderung erschien auf den ersten Blick weltfremd – gerade für alte und kranke Menschen ist der Fernsehgottesdienst die einzige Möglichkeit, sonntags mit der weltweiten Gemeinschaft der Christen zu beten und zu feiern, und die Einschaltquoten für diese Gottesdienste sind überraschend hoch. Aber sie liefern nur ein Abbild des tatsächlichen Geschehens, die Fernsehübertragung ist nicht der Gottesdienst selber, sie vermittelt nur eine Ahnung der Gegenwart Gottes. Und darauf kam es Metz an: das Abbild darf nicht mit dem Original, mit dem tatsächlichen Geschehen verwechselt werden. In die Tradition der Ikonenmalerei ist die platonische Auffassung eingegangen, dass im Abbild das Urbild in gewisser, nicht näher zu bestimmender Weise gegenwärtig sei. Und damit kommt man tatsächlich dem zweiten Gebot auf die Spur.

Die Forderung, den Namen Gottes nicht zu missbrauchen, haben Generationen von Eltern und Lehrern, Kaplänen und Pfarrern als Verbot gesehen, Flüche und Kraftausdrücke zu gebrauchen. Sie ist hergenommen worden, um Menschen zu verunglimpfen, die öffentlich sagen, dass sie nicht an Gott glauben. Und sie wurde benutzt, um unbequeme Kabarettisten, Dichter, Maler und

Intendanten mundtot zu machen. Dabei geht es im zweiten Gebot eigentlich um etwas ganz anderes: Du sollst den unfassbaren Gott nicht in den Rahmen Deiner Vorstellungen pressen, Du sollst den Namen Gottes nicht zur Rechtfertigung Deiner Ansichten und Taten missbrauchen, Du sollst Dich nicht als Mund und Arm Gottes missverstehen.

Zum Glück hat sich die Kirche, wenn es ums Fluchen geht, in den vergangenen 30, 40 Jahren eine größere Gelassenheit angewöhnt. Wer „Herrgottsakra" flucht, weil er sich mit dem Hammer auf den Daumen gehauen hat, der Computer abstürzt oder einem der letzte Zug gerade davongefahren ist, begeht keine Sünde. Er muss nicht lernen, mit zusammengebissenen Zähnen theologisch korrekt zu zischen: „Das ist jetzt aber eine schlimme Anfechtung für mich" oder „Herr, lass diesen Schmerz vorübergehen". Ein Schimpfwort befreit, es relativiert Leid. Flüche gehören zum Sprachschatz und sind ein Traditionsgut, und zwar ein überraschend christliches: Wie viele Anspielungen auf die Religion, auf Gott, Jesus oder Maria sind hier enthalten! Und manchmal wirkt ein Fluch wie ein Stoßgebet (Allerdings muss man auch nicht unbedingt mit frommen Begriffen fluchen: „Sauerei" oder „zum Donnerwetter" tun es auch. Kein Mensch ist glücklich, wenn sein Name als Kraftausdruck gebraucht wird; den gleichen Respekt sollte man auch Gott zukommen lassen). Das ist vielleicht eine ziemlich katholische Sichtweise, gerade evangelikale Gemeinschaften sind da viel strenger. Irgendwo in Russlands Amateurligen spielt ein sehr fromm geführter Fußballverein, dessen Spieler nicht fluchen dürfen – aber wie gefühlsarm wird ein Spiel, wenn man die Wut nach dem Pfostenschuss nicht mehr herausschreien darf! Christian Friedrich Delius beschreibt in seiner Erzählung „Der Sonntag, an dem ich Fußballweltmeister wurde", wie er, der Sohn eines evangelischen Pfarrers, 1954 Herbert Zimmermanns Reportage vom Endspiel Deutschland – Schweiz am Radio im Arbeitszimmer des Vaters verfolgt. Beim Ausruf des Reporters: „Toni, du bist ein Fußballgott!" zerbricht der Glaube des Jungen an den einengenden, übermächtigen Gott, den der Vater predigt. Der Ausruf des Reporters war Überschwang, Begeisterung, vielleicht auch Dummheit des Augenblicks. Für den Sohn bedeutete er die Befreiung von einem falschen Gottesbild – und war so gesehen nicht blasphemisch.

Zu Recht akzeptiert auch das westliche Christentum, dass über den Glauben und die Kirche gelacht werden darf. Ein Kulturkampf Religion gegen Kunstfreiheit, wie er nach dem Erscheinen der Mohammed-Karikaturen in der dänischen Zeitung *Jyllands Posten* in der islamischen Welt ausgetragen wurde, wäre heute in Europa undenkbar. Witze und Satiren über die Merkwürdigkeiten der real existierenden Kirchen und ihre Gläubigen sind geradezu notwendig; die besten Kabarettisten kommen aus den frömmsten Landstrichen Deutschlands, und dass die Fastnachtssitzungen vor allem in den katholischen Regionen Deutschlands Tradition haben, ist auch kein Zufall. Die Kirchenleute kennen meist die besten Witze und lachen oft am lautesten über sie. Es gibt ja eine ganze Reihe von klerikalen Witzen, von Witzbüchern über Bischöfe, Pfarrer und Messdiener bis hin zu Witzen, die auch schmunzelnd auf Gott schielen. Humor weiß um das Menschliche im Glauben. Und wahrscheinlich lacht dann auch Gott mit und sagt: mein Gott, diese Christen ... Ein humorloses Christentum wäre bestenfalls eine graue, dröge Religion, die Religion des ständigen Beleidigtseins. Witz, Humor, aber auch die bittere Ironie drücken ja oft einen tieferen Glauben aus als manche gut gemeinte Predigt, der jeder doppelte Boden fehlt und damit jede Transzendenz.

1928 malte der Künstler Georg Grosz ein Bild, das Christus mit der Gasmaske zeigte und das unterschreiben war mit: „Maul halten und weiterdienen". Bis 1930 musste sich Grosz über drei Instanzen hinweg gegen den Vorwurf der Gotteslästerung verteidigen – er habe nicht, wie die Anklage behauptete, Christus verspotten wollen, ihm sei vielmehr vorgeschwebt, was wohl Christus in den Schützengräben des Ersten Weltkriegs widerfahren wäre. Das Amtsgericht Charlottenburg verurteilte den Künstler in erster Instanz zu 2000 Reichsmark Strafe; zwei weitere Gerichte aber sprachen Grosz, zur Empörung vieler Kirchenvertreter und Militärs, frei. Heute sehen die meisten Christen das Bild so, wie es damals Grosz sah: Jesus leidet mit den Menschen, die im Krieg Todesangst ausstehen und verwundet oder getötet werden. Dieser Fall zeigt die Grenzen aller Gotteslästerungsparagraphen; auch die Grenzen des im deutschen Strafgesetz verankerten Paragraphen 166, der die Gotteslästerung unter Strafe stellt, sofern sie den öffentlichen Frieden stört. Das ist jedoch das Problem: Die Gotteslästerung ist inhaltlich schwer zu definieren, weshalb der öffentliche Frieden gestört sein muss, wenn die Justiz einschreiten soll. Kann sich der Gläubige dann nur wehren, indem er den öffentlichen Frieden stört, demonstriert, andere mit dem Tode bedroht, Strohpuppen mit den Gesichtszügen des vermeintlichen Gotteslästerers anzündet? Es gibt deshalb immer wieder Bestrebungen, diese Bestimmungen zu verschärfen und Gotteslästerung auch dann zu bestrafen, wenn sie nicht unmittelbar den öffentlichen Frieden stört. Aber soll der Staat, der Gesetzgeber, die Rechtsprechung, definieren, was Gotteslästerung ist und was nicht? Einige der in Dänemark veröffentlichten Mohammed-Karikaturen waren sehr witzig, einige dumm, einige konnten tatsächlich religiöse Gefühle verletzen. Aber ist ein Gesetz vorstellbar, anhand dessen ein Richter entscheiden kann, dass diese Zeichnung dumm ist, aber nicht lästerlich, und jede Karikatur lästerlich, auch wenn sie witzig ist?

Trotzdem müssen sich Christen nicht alles gefallen lassen. Die meisten Satiren, denen vorgeworfen wird, sie verletzten religiöse Gefühle, sind vor allem schlecht – die längst vergessene Fernsehserie *Popetown* zum Beispiel, die mancher Kirchenvertreter verboten sehen wollte, war einfach Trash, gezeichneter Müll ohne Tiefgang, Welten entfernt von den *Simpsons*-Erzählungen über eine durchgeknallte Familie, die auch viel mit schwarzem Humor arbeiten und trotzdem ihren eigenen doppelten Boden haben. Schlechte Satire ist harm- und belanglos, oft ist es erst der Kirchenprotest, der sie aufwertet, mit dem sich ein Künstler wichtig machen kann. Mancher Filmemacher, Kabarettist, Künstler aber will auch bewusst sein Geschäft machen, indem er Gläubige herabsetzt, verächtlich, lächerlich macht. Dann geht es nicht einfach um die Grenzen des guten Geschmacks. Wenn der Aktionskünstler Andres Serrano einen in Urin getauchten „Piss Christ" präsentiert oder Jef Bourgeau im Detroit Museum einen Christus am Kreuz mit Kondomen und einem Haufen Exkremente zeigt, dann hat das eine andere Qualität als Grosz' Christus mit der Gasmaske. Dann heißt das, an die Adresse der Christen gerichtet: Ihr seid der letzte Dreck. Und das erniedrigt alle Menschen, die glauben, dass am Kreuz das Heil der Welt gehangen hat. Es geht also weniger um eine Gottes-, als vielmehr um eine Menschenbeleidigung. Gott ist durch schlechte Satire und kalkuliert verletzende Kunst nicht zu beleidigen. Es werden aber die Menschen erniedrigt, die an Gott glauben. Die Grenzen sind da schwer zu ziehen. Oft hilft es, wenn Kirchenleute mit den Künstlern offen reden, bevor ein öffentlicher Konflikt entsteht, wenn sie ihnen erklären, warum sie dieses Bild obszön finden oder jene Bühnenszene menschenverachtend. Das ist auf jeden Fall besser, als hinterher empört die ganze Ausstellung, das ganze Theaterstück zu verdammen. Manchmal ist allerdings auch dieser offene Protest angebracht, wobei damit weniger das flammende Bischofswort von der Kanzel herab gemeint ist; wenn sich die mündigen Gläubigen melden und erklären, warum sie verletzt sind und sich erniedrigt fühlen, hat das meist viel größere Wirkung.

Gott lässt sich auf diese Weise also nicht beleidigen, noch nicht einmal der scharf vorgetragene Atheismus ist Blasphemie. Der Mensch hat die Freiheit, den Glauben für Humbug zu halten, zu glauben, dass es keinen Gott gibt und die Gläubigen Wunsch- und Trugbildern anhängen – aus christlicher Sicht hat ihm Gott diese Freiheit gegeben. Und da es keinen zweifelsfreien Gottesbeweis geben kann, wird es auch immer Menschen geben, die aus tiefer Überzeugung heraus sagen: Gott kann mir gestohlen bleiben. Die Christen haben das zu respektieren. Sie sollen den Atheisten nicht sagen, sie seien minderwertige Menschen und kämen gewiss in die Hölle, sie sollen den Ungläubigen nicht verachten, ihm keine seelischen oder sozialen Defizite unterstellen. Und Atheisten sollten ihrerseits gläubige Menschen nicht herabwürdigen, sie nicht für Idioten oder Machtmenschen halten, die andere in ihre Abhängigkeit bringen wollen. Atheismus ist letztlich eine Glaubenshaltung – wenn Christen und Atheisten miteinander diskutieren oder übereinander reden, geht es um den respektvollen Umgang mit verschiedenen Glaubenshaltungen.

Die wahre Gotteslästerung, der wahre Missbrauch des Namens Gottes, die tatsächliche Götzenbildnerei ist, wie gesagt, etwas anderes. Sie geschieht, wenn Menschen den unfassbaren Gott fassen wollen, ihn in ihre eigenen Bilder pressen, zur Projektionsfläche menschlicher Vorstellungen und Machtgelüste machen. Der unfassbare Gott bleibt den Menschen immer auch fremd und unheimlich – deswegen gab es zu allen Zeiten des Christentums das Bedürfnis der Gläubigen, sich ein Bild von Gott zu machen, das sie fassen, verstehen können, ein eindeutiges Bild. Das Verbot in der jüdischen Tradition, den Namen Gottes überhaupt in den Mund zu nehmen, klingt für uns streng – aber es entstand genau aus dieser Erfahrung heraus: Wer sich ein festes Bild von Gott macht, kommt in Teufels Küche. Die Vereinnahmung Gottes ist um vieles gefährlicher als die Gottesverachtung. „Gott will es", riefen die Kreuzzugsprediger im Mittelalter,

„Gott ist groß", ihre muslimischen Kontrahenten, „Gott mit uns", stand auf den Koppelschlössern der deutschen Soldaten, die Polen und Russland verwüsteten. Gott soll rechtfertigen, was die Menschen tun, Gott soll den Vorstellungen derer entsprechen, die ihn im Munde führen, er soll ihr Diener sein. Den Namen Gottes zu missbrauchen heißt: den unbegreiflichen Gott zum begreiflichen Gott zu machen. Gott in den Rahmen der eigenen Vorstellungen zu pressen bedeutet, ihn zähmen zu wollen, ihm das Widerspenstige, das Unfassbare und Geheimnisvolle nehmen zu wollen.

Wie sich ein geliebter Mensch nie ganz begreifen lässt und die Liebe zu Ende wäre, würde einer versuchen, den anderen nach seinem Bild zu formen, so kann auch der in seiner ganzen Existenz persönliche Gott des ersten Gebots nie in ein Schema gepresst werden. Wer an ihn glaubt, wer diese Beziehung eingeht, muss ihn so nehmen, wie er ist, wie er sich offenbart. Das führt den Gläubigen immer an die Grenzen seines Verstehens: Warum erhört Gott meine Gebete nicht – oder nicht so, wie ich mir das wünsche? Warum entzieht er sich mir, scheint zu schweigen, ganz woanders zu sein? Das geht vielen gegen den Strich, die sich lieber ihr eigenes Gottesbild machen. Aber auch das ist wie in einer Liebesbeziehung: Man muss den anderen nehmen, wie er ist, und ihn nicht zu dem machen wollen, den man gerne hätte. Wofür Gott alles herhalten muss, was er soll und was er nicht darf – das sind menschliche Projektionen. „Ein Gott, der das Böse zulässt, kann kein guter Gott sein", sagen viele Menschen, und warum es Leid in der Welt gibt, ist ja wirklich eine der drängenden Fragen des Lebens und des Glaubens.

Doch allein das Wort „zulassen" ist schon eine menschliche Projektion. Das setzt voraus, dass Gott dem Menschen ständig in die Parade fahren müsste, wenn der Böses im Sinn hätte. Er müsste ihn immer wieder auf den rechten Weg setzen, und dann würde Gott den Menschen keine Verantwortung mehr zugestehen. Damit wäre aber auch die Liebesbeziehung zwischen Gott und Mensch nicht mehr möglich – denn Liebe braucht Freiheit, und wenn Gott liebt und geliebt werden will, wenn er eifersüchtig sein kann, dann muss er auch den Menschen die Freiheit lassen; dazu gehört sogar die Freiheit, das Falsche, das Böse zu tun.

Der furchtbarste Missbrauch des Namens Gottes geschieht immer dort, wo er hergeholt wird, um Folter oder Mord zu rechtfertigen. Die Selbstmordattentäter des 11. Septembers 2001 oder die in Pakistan, Israel, im Irak und in Afghanistan missbrauchen nicht einfach nur den Islam. Sie lästern Gott, weil sie ihn zum Diener ihres Mordens machen wollen. Die meisten Muslime verurteilen das. Aber es ist doch erschreckend, dass die Minderheit, die solche Attentate offen verteidigt oder sie mit heimlicher Sympathie beobachtet, gar nicht so verschwindend ist. Wobei die Christen hier auch nicht frei von Schuld sind. Die Inquisition begründete ihr Tun bis in die Neuzeit hinein mit einer verqueren Berufung auf den Heiligen Augustinus: Man müsse die Menschen zu ihrem Heil zwingen, man bewahre die Bestraften, die Gefolterten vor der schlimmen Sünde der Häresie – man rette also ihre Seele, auch wenn man ihr Leben zerstöre. Compelle intrare – zwinge sie, einzutreten! Das sind gotteslästerliche Argumente.

Lästerlich ist es auch, wenn einer sagt, man müsse alles, was aus dem Mund des Papstes kommt, für wahr halten. Es gibt immer wieder Gruppen in der katholischen Kirche, die das so sehen, und leider auch genug Menschen außerhalb der Kirche, die glauben, das würde die katholische Kirche lehren. Aber das ist ein grandioses Missverständnis der Unfehlbarkeitslehre, und Papst Benedikt XVI. würde es entsetzt zurückweisen, käme einer zu ihm und würde sagen, dass jedes Wort aus dem Mund des Papstes wahr sei. In seinem jüngsten Buch über Jesus schreibt Benedikt, dieses Buch sei Ausdruck seines persönlichen Suchens; es stehe jedem frei zu widersprechen. Er erbitte lediglich von den Lesern „jenen Vorschuss an Sympathie, ohne den es kein Verstehen gibt". Ein Satz, der auch zeigt, wie fern der Papst jenem Fundamentalismus ist, den ihm Kritiker manchmal vorwerfen. Letztlich sind alle Arten des Fundamentalismus Gotteslästerung – der islamische, jüdische, christliche. Gott soll befohlen haben, die Ungläubigen zu erschlagen? Er soll eine Anweisung erlassen haben, wo die Grenzen des Staates Israel verlaufen sollen? Er soll verkündet haben, dass alles, was in der Bibel steht, im wörtlichen Sinne wahr ist? Die Gläubigen, die dies so sehen und alle anderen Menschen als Ungläubige verachten, vereinnahmen Gott für ihre Vorstellungen und Ziele viel mehr als ein Atheist, der sagt: Es gibt keinen Höchsten.

Der Missbrauch des Namens Gottes geschieht schließlich überall dort, wo man Menschliches vergöttert und Menschen sich an die Stelle Gottes setzen. In den siebziger Jahren haben die Pfarrer immer den übertriebenen Starkult angeführt, wobei da vieles auch einfach nur

Dummheit ist oder pubertierendes Geplänkel – selbst der Satanskult in der Rockmusik gehört meist in diese Kategorie. Blasphemie geschieht in diesem Bereich dann, wenn hinter der Überhöhung auch ein Machtanspruch steckt: Indem ich bestimme, was göttlich ist und wie der Name Gottes gefälligst gebraucht werden soll, schwinge ich mich über die anderen auf, kreiere Moden, Haltungen, Korrektheiten. So zwinge ich den anderen ein Götterbild auf, oft mit totalitärem Anspruch, weil ich in alle Bereiche des Lebens eindringen möchte.

Die folgenreichere Vergötterung des Menschlichen und der menschlichen Leistung findet aber in der Naturwissenschaft statt, wo manche Forscher sagen: Weil wir so viel können, sind wir göttergleich. Wir bestimmen die Maßstäbe nach rein naturwissenschaftlichen Kriterien. An der Spitze stehen dann jene Gentechniker, die viel von der Forschungsfreiheit reden – aber bei näherem Hinsehen vor allem davon ausgehen, sie könnten Gott spielen und alle ethischen Fragen seien kleinliche Bedenkenträgerei. Das ist die Grundeinstellung eines Pubertierenden gegenüber seinen Eltern: Lasst mich, ich brauche euch nicht mehr, ich kann das alles allein! Es ist die Lust am Tabubruch, am Gefühl der grenzenlosen Freiheit, daran, das zu durchbrechen, was einen vielleicht einengt. Aber es ist eine unreife Haltung. Wer erwachsen werden will, muss sie überwinden. Der wissenschaftliche Fortschritt, gerade in der Gentechnik, ist beeindruckend, doch die Anmaßung, selber den Schöpfer der Welt spielen zu wollen, ist gefährlich, weil sie die Grenzen jeder Forschung vergessen lässt. Es ist kein Zufall, dass der Stammzellforscher Hwang Woo Suk aus Südkorea über

Jahre hinweg die Welt mit spektakulären Erfolgen in Atem hielt, bis er schlicht als Lügner und Betrüger enttarnt wurde: Er und seine Mitarbeiter hatten gefälschte Forschungsergebnisse präsentiert, die angeblich das Klonen menschlicher Embryonen und die Heilung von Alzheimer in Aussicht stellten; sie hatten für Eizellen Geld bezahlt und Fördermittel veruntreut. Hwang war in Südkorea ein Nationalheld, er trat auf wie Gott im weißen Kittel, da durfte es keine Misserfolge geben – ein guter Teil des Betrugs war Selbstbetrug.

Auch die Suche des Physikers und Mathematikers Steven Hawking nach der Weltformel, die alles erklärt und damit Gott überflüssig macht, hat in diesem Sinne etwas Blasphemisches. Nicht weil Hawking Agnostiker ist, für den es keinen persönlichen Gott gibt. Nicht, weil er als genialer Forscher in die Grenzbereiche des Denkens und Wissens vordringt, sondern weil er sich selber dadurch etwas Gottgleiches gibt. „Wir werden den Plan Gottes am Ende dieses Jahrhunderts kennen", sagt er voraus, und das klingt wie der Satz eines hochintelligenten, aber pubertierenden 17-Jährigen, der nichts weniger in seinem Leben vorhat, als die Welt zu erobern und zu verändern. Ein Jugendlicher soll, ja muss so denken, bei einem Forscher und Wissenschaftler führt dies zu einem Wissenschaftsfundamentalismus, der nicht besser ist als die religiöse Variante. Allerdings darf man Hawkins Suche nach der Weltformel nicht losgelöst von der Person sehen. Der Forscher ist seit seiner Studienzeit unheilbar an amyotopischer Lateralsklerose (ALS) erkrankt, damals gaben ihm die Ärzte noch ein bis zwei Jahre Lebenszeit. Seit einem Luftröhrenschnitt 1986 kann sich Hawking nur noch mit Hilfe eines Sprachcomputers verständlich machen, und trotzdem macht er Witze über seine Krankheit: So verplempere er wenigstens keine Zeit mit Joggen oder Golfspielen. Da vollbringt also einer unter widrigsten Umständen und mit äußerster Anstrengung eine weltweit anerkannte Leistung, er schreibt Geschichte – da liegt es nahe, sich ein bisschen zu fühlen wie der liebe Gott. Ob das richtig ist, ist eine ganz andere Frage. Aber für Hawking ist der Atheismus auch Teil seines Lebenskampfes, das muss man respektieren. Ich erfahre Leid, ich muss kämpfen, und Gott gibt mir keine Antwort. Das ist eine zutiefst menschliche Erfahrung, da darf es keine Überheblichkeit des selbstsicher Glaubenden geben. Auch das würde nichts weniger bedeuten, als den Namen Gottes zu missbrauchen.

3. Gebot:
Du sollst den Sabbat/Sonntag heiligen

In den Tagen zwischen Weihnachten und dem Dreikönigsfest muss man Bayern lieben. Dann passiert nämlich nichts im Land, dann ist, wie man in Bayern sagt, stade Zeit. In den Büros gähnt die Leere, Telefonate landen im Nirwana, die Handwerker scheinen alle ausgewandert zu sein. Es gibt Sitzplätze in der U-Bahn, und selbst die Handpuppen des politischen Theaters spielen nur das kleine Programm. Natürlich: Auch in Hessen oder Niedersachsen nehmen die Leute jetzt ihren Resturlaub, und in Bayern sind die Kaufhäuser genauso voll schlecht gelaunter Menschen, die ihre Geschenke umtauschen und Gutscheine einlösen wollen. Aber nur hier liegt etwas über dem Land. Es hält den Atem an, es steht da wie ein lauschendes Reh im Wald. Ab dem 7. Januar geht das Leben weiter; doch ein paar Tage lang haben die Leute Zeit, es bleibt ihnen gar nichts anderes übrig. Es ist die beste Zeit für den Familienkrach. Oder es öffnet sich der Raum für die glücklichen Momente des Zweckfreien, der unverplanten Stunden. Glücklich sind sie, weil sie so selten geworden sind im rundum verplanten und ruhelosen Leben.

Gott ruhte am siebten Tag, nachdem er die Welt geschaffen hatte, so heißt es in der hebräischen Bibel. Doch der christliche Sonntag ist nur schwer zu vergleichen mit dem Sabbat der Juden. Der Sabbat steht im Mittelpunkt des jüdischen Lebens, die Stunden vom Sonnenuntergang am Freitag bis zum Sonnenuntergang am Samstag sind auf das Ruhegebot hin ausgerichtet. Sobald die Mutter die Sabbatkerzen entzündet und den Segen gesprochen hat, gelten die 39 Gebote, die jedes zielgerichtete Tun am Sabbat untersagen – es sei denn, jemand gerät in Lebensgefahr. Fromme Juden sorgen mit Warmhalteplatten und Zeitschaltuhren, dass sie warmes Essen und elektrisches Licht bekommen – selber Feuer machen dürfen sie in dieser Zeit nicht. Man verbringt den Tag mit der Familie und in der Synagoge, betet, trifft sich, geht spazieren, schläft viel. „Der Sabbat wiegt alle Gebote auf", heißt es in der rabbinischen Überlieferung, „wer den Sabbat vorschriftsmäßig hält, hat damit gleichsam die ganze Thora anerkannt; und wer ihn entweiht, ist, als ob er die ganze Thora abgeleugnet hätte" (Schulchan Aruch). Das christliche Sonntagsgebot ist weniger stark auf Regeln hin ausgerichtet, die den Unterschied zwischen dem heiligen Tag und dem Rest der Woche erlebbar machen sollen. Jesus selber hat sich über das Sabbatgebot hinweggesetzt: als er Kranke im Tempel heilte, als seine Jünger Ähren pflückten und die Körner aßen, was als verbotene Erntearbeit galt; er tat das, um zu zeigen, dass der Sohn Gottes über dem Gesetz steht (was von den Juden als der eigentliche Skandal wahrgenommen wurde) – und um zu zeigen, dass der Sabbat für den Menschen und nicht der Mensch für den Sabbat da ist (was wiederum auch im Judentum so gesehen wurde und wird). Die Christen feiern am Sonntag, dem Tag nach dem Sabbat, das Fest der Auferstehung Jesu, das gibt dem christlichen Sonntag einen anderen Charakter als dem jüdischen Sabbat. Er lebt nicht aus den heiligen Regeln und Ritualen heraus, sondern aus dem Gedächtnis an Tod und Auferstehung Jesu. Und trotzdem enthalten der christliche Sonntag und der jüdische Sabbat die gleiche dreifache Aufforderung: Achte Deine Zeit und Deine Lebenszeit! Achte den Tag des Herrn als Tag der kollektiven freien Zeit! Und heilige diese Zeit, indem Du Gott und den Menschen begegnest!

Achte also Deine Zeit und Lebenszeit. Noch nie hatten die Bewohner der Industriestaaten so viel Zeit wie heute. Wer jetzt 40 ist, kann damit rechnen, weitere 40 Jahre zu leben; die Hälfte der Kinder, die heute geboren wurden, wird mindestens 90 Jahre alt, sagen die Statistiker. Der heutige wohlgenährte Gegenwartseuropäer hat fast doppelt so viel Zeit zur Verfügung wie sein Vorfahr aus dem Mittelalter, dem mit 45 Jahren die letzten Zähne ausfielen, der an Mangelernährung, Unterkühlung und Krankheiten zugrunde ging. Und die Qualität dieser Lebenszeit hat sich vervielfacht. Wenn man Fotos aus den 1950er-Jahren betrachtet, auf denen 50-jährige Frauen und Männer abgebildet sind, schauen einen alte Männer und müdegelebte Frauen an. Heute geben sich die 60-Jährigen pubertär, philosophieren die 70-Jährigen über Sex im Alter, buchen 80-Jährige Fernreisen. Ein unglaublicher Zeitwohlstand hat sich eingestellt.

Doch zu den Grundwahrnehmungen in diesen industrialisierten Gesellschaften gehört die Zeitnot, der Verlust der Zeit – ausgenommen sind jene Arbeitslose, denen sich die ungenutzten Monate, Tage, Stunden auf die Seele legen. Der Internet-Buchhändler Amazon bietet mehr als 300 Zeit-Ratgeber an, Hilfen zur Jagd nach der verlorenen Zeit. Denn es ist tatsächlich wie in Michael Endes Kinderroman „Momo": Die Zeit, die durch schnellere Zug- und Flugverbindungen gespart wird, durch Taschencomputer, die demnächst untereinander die Termine ihrer Besitzer ausmachen oder durch selbstkochende Tiefkühlkost – die verschwindet einfach, weil kein Raum fürs Zweckfreie entsteht, sondern ein neuer zeitverbrauchender Zweck hinzukommt. Man kann jetzt zuhause die E-Mails aus dem Büro lesen, jeder kann jeden zu jeder Zeit anrufen oder eine Botschaft per SMS schicken; man kann rund um die Uhr einkaufen, Sport treiben, sich zerstreuen. Eigentlich könnte so das Leben leichter werden: Man kann von zuhause aus arbeiten und in der Sonne sitzend telefonieren, mit lieben Menschen Kurzbotschaften tauschen und sich zum Kneipenbesuch verabreden. Doch stattdessen entstehen merkwürdige Multitasking-Existenzen, die gleichzeitig und ununterbrochen Jobs erledigen, Kinder erziehen, Internetbekanntschaften knüpfen und ins Kino gehen. Multitasking-Existenzen sind gesellschaftlich anerkannt und von der Wirtschaft gewünscht; sie entsprechen dem Idealbild vom flexibilisierten Menschen, der am Sonntag arbeitet, weil er ja am Mittwoch frei macht. (Unter Journalisten gibt es sie besonders häufig.)

Die Frage, wie sich die knappe Zeit vor dem Tod nutzen lässt, wie also mit der Zeitarmut umzugehen ist, das war die Frage des heiligen Benedikt, der seinen Mönchen eine klare Zeiteinteilung verordnete; es war die Frage der protestantischen Ethik, der Zeitverschwendung Sünde war. Wie der Zeitwohlstand in einer sich beschleunigten

Welt zu nutzen ist, ist eine neue Frage. Ihre große Zeit hatte diese Thematik in den 80er-Jahren. Damals wurde die Geschichte von Momo und den grauen Zeitdieben Kult, Sten Nadolny schrieb den Erfolgsroman „Die Entdeckung der Langsamkeit" und der Soziologe Norbert Elias veröffentlichte sein Spätwerk „Über die Zeit". 1990 erschien ein damals vielbeachtetes Buch über „Zeitpioniere", Menschen also, die bewusst den Zeitwohlstand als Ziel ihres neuen Lebensstils betrachteten.

Viele Vorstellungen der Langsamkeitspropheten waren romantisch, sie kamen alternativ gewandet in Latzhose und Schlabberkleid daher, und sie waren aus der Mode, als klar wurde, dass in einer Industriegesellschaft der Reichtum an Zeit schlicht mit Geld erkauft werden muss. Dabei ist der Umgang mit der Zeit ein echtes Zukunftsthema: Die Beschleunigungsprozesse werden weitergehen, der Druck auf den Einzelnen wird wachsen, seine Lebenszeit als überall gleichzeitig handelndes Wesen zu verbringen. Es sind derzeit interessanterweise Ökonomen, die von der Beschleunigungsfalle reden, in die zum Beispiel die Computer- und Softwarebranche zu tappen droht. Sie rechnen aus, wie viel der Fluch der permanenten Unterbrechung kostet, wenn vor lauter Anrufen, E-Mails und Internetausflügen Angestellte nicht mehr zum Arbeiten kommen. Doch die Beschleunigungsfalle kann überall zuschnappen.

Der Umgang mit der Zeit – das ist auch das Thema des dritten Gebots, eines Gottesgebots. Die Zeit ist nach biblischem Verständnis in Gottes Händen, er gibt den Rhythmus vor, und er hat den Menschen eine Auszeit verordnet, auch, damit sie merken, wie kostbar ihre Lebenszeit ist – viel zu kostbar, um sie in der Dauerhetze der Multitasking-Existenz durchzubringen. Der Verlust der gemeinsamen freien Zeit wird oft als Frage der persönlichen Moral angesehen: Nimm dir frei, hetze nicht so. Das ist alles richtig. Aber es ist auch eine Aufgabe der Politik, stade Zeiten, Zeiten des dem unmittelbaren Zweck Entzogenen zu bewahren und zu schaffen. Man muss gar nicht religiös sein, um den arbeitsfreien Feiertag zu schätzen. Man muss kein Ausstiegsromantiker sein, um es richtig zu finden, Teilzeitarbeit und Sabbatjahre öffentlich zu unterstützen. Das Sabbatgebot ist aber nicht einfach das Gebot, hier und dort eine Pause zu machen, durchzuschnaufen, joggen oder schwimmen zu gehen. Es geht über die individuelle Freizeit hinaus, es meint die kollektive, die gemeinsame freie Zeit. Gemeinsame freie Zeiten halten die Gesellschaft zusammen. Sie sind der Boden, auf dem Kultur und Religion entstehen, Dinge, ohne die ein Gemeinwesen nicht existieren kann.

Somit ist das Gebot, den Sonntag zu achten, im zweiten Schritt das Gebot, die gemeinsame freie Zeit zu achten und zu bewahren. Denn der Verlust der Zeit ist vor allem der Verlust an gemeinsam verbrachter Zeit. Wer sonntags arbeitet und mittwochs frei macht, der hat alleine frei; Schichtarbeiter wissen, wie nervend das werden kann, wie sehr darunter Ehen und Freundschaften leiden. Weil die komplizierten Zeitpläne der Vielfach-Verpflichteten sich immer seltener einander anpassen lassen, nimmt die allein verbrachte freie Zeit zu, der kollektiv zu nutzende Freiraum ab. Kollektive Freizeit war lange genug einengend. Sie schmeckte nach Sonntagslangeweile und juckte wie eine wollene Kirchgangshose. Inzwischen aber wird das Vakuum spürbar, das entsteht, wenn zu viele der gemeinsamen Räume verloren gehen.

Und sie gehen verloren. Seit dem Sommer 2006 können die deutschen Bundesländer in eigener Regie Ladenschlussgesetze erlassen, seitdem hat die Zahl der Sonntage, an denen die Geschäfte öffnen können, überall im Land zugenommen. Am weitesten ist Berlin gegangen: An zehn Sonntagen, die vier Adventssonntage eingeschlossen, können Einzelhändler ihre Waren von 13 bis 20 Uhr verkaufen; Bäcker, Blumenhändler und Trödelmärkte dürfen auch am ersten Weihnachtsfeiertag, am Oster- und am Pfingstsonntag öffnen. So weit war noch nicht einmal der Einzelhandelsverband mit seinen Forderungen gegangen – ohnehin profitieren von der Liberalisierung nur die großen Kaufhäuser, während die kleinen Geschäfte dadurch noch stärker ins Hintertreffen geraten. Die Evangelische Kirche von Berlin-Brandenburg/Schlesische Oberlausitz und das katholische Erzbistum Berlin haben gegen das Ladenöffnungsgesetz vor dem Verfassungsgericht in Karlsruhe geklagt, weil sie den verfassungsrechtlich garantierten Schutz des Sonntags in Gefahr sehen. Und sie tun das zu Recht. Nicht als verzweifelten Versuch, verlorene Schäfchen zurück in die Kirche zu treiben. Auch nicht, weil sie die bis in die 90er-Jahre hinein ausgesprochen starren deutschen Ladenschlussgesetze zurückwünschen. Sie tun dies, weil mit dem arbeitsfreien Sonntag ein Gut verloren zu gehen droht, das für alle Menschen da ist, ob sie nun Christen sind oder nicht. Die Kirchen treten hier als Anwältinnen des Ganzen, der gesamten Gesellschaft, auf.

Kaiser Konstantin führte den arbeitsfreien Sonntag

schon im Jahr 321 ein, um den Sklaven und Knechten die Teilnahme am Gottesdienst zu ermöglichen und um ihnen einen menschenwürdigen Tag zu geben – seitdem ist der Sonntag in der christlichen Welt arbeitsfrei. Heute ist er für viele Menschen kein „Tag der Arbeitsruhe und der seelischen Erholung" mehr, wie ihn das Grundgesetz beschreibt. Ärzte und Krankenschwestern, Feuerwehrleute, Polizisten, Pfarrer und Journalisten arbeiten seit jeher am Sonntag. Das muss auch so sein, weil der Sonntag für den Menschen da ist, nicht der Mensch für den Sonntag. Inzwischen aber kann, wer will, sonntagmorgens Semmeln kaufen und spätabends Chips und Bier im Tankstellenshop – es sind nicht nur die Händler, die den freien Sonntag untergraben, es sind genauso die Kunden, die sonntags einkaufen wollen, weil sie freitags nicht daran gedacht haben, die davon ausgehen, dass ihnen rund um die Uhr ein Dienstleister zur Verfügung steht, die es als Teil ihrer Wochenendunterhaltung sehen, sonntags shoppen zu gehen. Die generelle Öffnung der Läden würde das Bild des Sonntags vollends ändern: Die Ausnahme würde zur Regel, der Grundrhythmus der Gesellschaft ginge verloren. Auf den ersten Blick mag die generelle Ladenöffnung verbraucherfreundlich sein, doch sie wird nicht lange verbraucherfreundlich bleiben: Wer heute sonntags einkaufen geht, muss morgen sonntags arbeiten. Sind einmal die Ladentüren offen, wird die Ökonomisierung des Sonntags nicht an dieser Ladentür Halt machen.

Der Sonntag ist anders als die anderen Tage der Woche. Er ist Protest gegen die totale Ökonomisierung und Verzweckung des Lebens. Als Einkaufs- und Arbeitstag verliert er aber das Anderssein, den Protestcharakter; der Zusammenhang von Arbeit und Muße, von Produktion und Besinnung geht verloren. Eine Woche voller Werktage würde einen dramatischen Erfahrungsverlust bedeuten: Sonn- und Feiertage sind Spuren des Heiligen in der Moderne. Vielleicht spüren das viele Menschen nicht mehr; egal, sie sind da, die Spuren. Auch viele Christen sehen den Sonntag nicht mehr als Zeit der seelischen Erhebung, sondern als Erholungstag; sie schwänzen den Gottesdienst. Doch das diskreditiert nicht den Sonntag als Tag, an dem das Heilige ins Leben kommt. Und deshalb ist die Klage der Kirchen gegen die Berliner Ladenöffnungszeiten kein Akt des christlichen Fundamentalismus, sondern des Gemeinsinns. Ohne das Sonntagsgebot geht der Mensch drauf; das Gebot diszipliniert auch im Guten, und wenn der generell arbeitsfreie Sonntag nur dazu führt, dass er die Sonntagsarbeit ordentlich verteuert. Wer rund um die Uhr einkaufen gehen kann, muss sich keine Gedanken machen über den eigenen Tag und über die anderen, die haben einfach dienstbereit da zu sein. Wer den Wert des Sonntags bewahren will, muss dann wissen, dass er um zehn Uhr abends nicht einfach ein Mineralwasser im Supermarkt kaufen kann, dass er entweder sich selber an der Kandare nehmen oder die teuren Preise der Tankstelle, des Kiosks, des Hotels in Kauf nehmen muss. Ich lebe nicht, wie's mir gerade kommt – das ist die Grundhaltung, die hinter dem Sonntagsgebot steht. Es geht nicht nur um mich.

Weil der Sonntag der Tag ist, an dem das Heilige den Alltag unterbricht, ist das dritte Gebot in der Konsequenz das Gebot, Gott an diesem Tag einen Raum im Leben zu geben. Der jüdische Sabbat ist der Tag, an dem Gott nach der Erschaffung der Welt ruhte; er ist der Tag, der an die Befreiung aus der ägyptischen Sklaverei erinnerte. Im Christentum ist der Sonntag der Tag des Gedächtnisses an Jesu Auferstehung, die Gemeinde versammelt sich und feiert die Eucharistie beziehungsweise das Abendmahl. Die Christen gehen am Sonntag also nicht primär zum Beten in die Kirche. Beten kann man an jedem Tag und überall, ob im Wald, im Büro, im Auto oder im Keller. Die Christen feiern am Sonntag mit der Gemeinde ihren Glauben. Die Zahl der Gottesdienstbesucher ist in den vergangenen Jahrzehnten dramatisch zurückgegangen. In den 60er-Jahren gingen mehr als 40 Prozent der Katholiken zur Sonntagsmesse, heute liegt der Schnitt bei 15 Prozent, in vielen Gemeinden kommen keine zehn Prozent mehr, und auch in den katholisch geprägten Gebieten kann ein Pfarrer stolz sein, wenn 30 Prozent seiner Gemeindechristen am Sonntag in der Kirche sitzen. Es gibt aber inzwischen eine erstaunliche Gegenbewegung. Gerade hochgebildete, unabhängige Menschen, die jahrelang der Kirche in freundlicher Distanz gegenüberstanden, gehen am Sonntagmorgen auf einmal wieder in die Kirche. Sie merken, dass der Sonntag mehr ist als ein Tag der kollektiven freien Zeit, dass er ein Tag ist, der den Menschen erhebt und dadurch ganz besonders Mensch sein lässt. Und gerade junge Menschen suchen die Gemeinschaft im Beten. Zu den Jugendvespern in der Benediktinerabtei Sankt Ottilien zum Beispiel kommen am ersten Freitagabend im Monat regelmäßig mehr als tausend junge Leute, ohne dass die Mönche werben müssen. Es hat sich in ganz Oberbayern herumgesprochen, dass dort etwas Außergewöhnliches geschieht, und um das zu erleben, nehmen die Jugendlichen zum Teil eine weite Anfahrt auf sich. Jugendliche und junge Erwachsene sind viel stärker religiös interessiert, als viele Erwachsene merken (und manchmal auch merken wollen).

Sie genießen dann die Stunde des Gottesdienstes, der Heiligen Messe, in der sie ganz bei sich sind, mit der Gemeinde feiern, indem sie etwas tun, das dem Alltag enthoben ist, das zunächst einmal gar keinen Zweck erfüllt. Zu singen und zu beten, zu knien und zuzuhören, wenn der Priester das Hochgebet spricht – das ist aus (zeit-)ökonomischer Sicht schlicht Verschwendung. Aber es ist eine Verschwendung, die das Leben liebenswert macht. Eine Stunde Gottesdienst bedeutet: Schluss mit allen Problemen, mit allem, was Du jetzt nicht lösen kannst. Du verdrängst das Bedrängende nicht – aber es hat jetzt eine Auszeit. Jetzt ist Gott wichtiger, und man kann ihm ja das Bedrängende erzählen, das oft schon allein dadurch, dass man es vor Gott bringen kann, einen Teil des Schreckens verliert. Die Zeit für Gott ist vor allem Zeit, die der Gottesdienstbesucher sich selbst schenkt. Er öffnet ihm das Tor zu einer tieferen Existenz. Dafür braucht es gar keine aufwendig gestalteten Gottesdienste – weder jene, bei denen die Besucher ihre Fürbitten aufschreiben und an dürre Zweiglein stecken müssen, noch irgendwelche lateinischen Messen mit großem Brimborium. Die Menschen wollen da sein, sich öffnen, zur Ruhe kommen, die Gemeinschaft mit den anderen Gläubigen erleben, Gott erfahren.

Das Sonntagsgebot für die Kirchen, für die Pfarrer und pastoralen Mitarbeiter lautet deshalb: Macht die Gottesdienste besser! Es muss spürbar werden, dass hier etwas Besonderes passiert. Zum Glück geht es heute in den Gottesdiensten lockerer zu als noch vor 40 Jahren, aber das allzu Legere ist auch nicht gut. Die Gläubigen wollen das Heilige spüren und nicht abgekumpelt werden; auf Stil, Feinheit und Würde im Gottesdienst zu achten bedeutet auch, den Gläubigen eine eigene Würde zukommen zu lassen. Häufig aber werden Lieder lieblos ausgesucht und heruntergeorgelt, predigen Pfarrer das, was ihnen gestern gerade durch den Kopf gegangen ist und das sie halbgar und hastig aufgeschrieben haben; sie begreifen nicht, dass die Messe ein heiliges Geschehen ist, das auch eine sorgfältige Vorbereitung braucht, mit bewussten Gesten, einer eigenen Sprache, einer eigenen Haltung. Andererseits ist die Überbetonung der Riten und der Ästhetik fehl am Platz. Befürworter der alten, sogenannten tridentinischen Messe scheinen dieser Tendenz mitunter zuzuneigen. Der Gottesdienst ist kein geheimnisvoller Hokuspokus auf Latein, das keiner versteht (Sinnigerweise kommt das Wort „Hokuspokus" vom nicht verstandenen lateinischen „Hoc est enim corpus meum.") Er ist öffentlich, einladend und für jeden verständllich. Die tridentinische Messe bringt den gemeinschaftlichen Charakter der feiernden Gemeinde nicht genügend zum Ausdruck; wer sie zurückwünscht, scheint sich einen Rückzug ins Individualistische zu wünschen. Es ist aber nicht das Ziel des Gottesdienstes, ungestört zu sein. Den Friedensgruß nicht weiterzugeben, weil man sich angeblich in der Kirche nicht die Hand schütteln darf, ist unchristlich.

Das Sonntagsgebot ist das menschlichste der drei Gottesgebote: Ich, Gott, Dein Herr, verordne Dir einen heiligen Tag, eine Unterbrechung Deines gewöhnlichen Lebens. Damit Du merkst, was Deine Lebenszeit wert ist, und damit Dein Leben einen Rhythmus bekommt. Ich verordne Dir einen heiligen Tag, damit das Leben nicht nur aus Werktagen besteht, aus Ökonomie, damit Du eine dem unmittelbaren Nutzen entzogene Zeit mit den Menschen hast, die Du liebst. Und ich verordne Dir einen heiligen Tag, damit Du Zeit für Gott hast und für die Gemeinschaft der Gläubigen, damit Du im Gottesdienst, in der Begegnung mit Gott zu Dir selbst kommst. Wir sehen Gebote oft als etwas Bedrückendes, Einengendes an, in Wirklichkeit rettet dieses Gebot aber die Würde des Menschen. Es beschreibt, genauso wie das erste und das zweite Gebot, die Liebesgeschichte Gottes mit den Menschen: Der eifersüchtige, der unfassbare Gott gibt den Menschen eine Gotteszeit – damit sie Mensch werden und Mensch bleiben können.

4. Gebot:
Vater und Mutter ehren

"Du sollst Vater und Mutter ehren!" Das erste der sozialen Gebote, die das Zusammenleben im Volk Israel regelten, hat eine tragische Gewaltgeschichte hinter sich. Es unterwarf die Kinder den Eltern, die Jungen den Alten, im Namen dieses Gebots hielten die Erwachsenen ihre Kinder in Abhängigkeit, prügelten sie und gängelten sie, und immer sollten die Kinder dankbar sein und die Eltern ehren, was immer die Mütter und Väter auch taten. Dabei richtete sich das biblische Gebot ursprünglich an die erwachsenen Kinder: Ehrt und versorgt eure Eltern, damit es euch später auch einmal wohlergeht, weil eure Kinder euch versorgen. Das vierte Gebot war ein Generationenvertrag, es regelte die Altersversorgung in der Gemeinschaft: Die Kinder sollen einmal für die Alten sorgen, weil die Alten einst die Kinder großgezogen haben. Kinderlosigkeit war deshalb nicht nur ein religiöses Problem, sondern auch ein ökonomisches: Ohne Kinder verarmte man im Alter in einer Gesellschaft ohne Rentenversicherung und ohne Sparverträge, man lebte irgendwann von der Substanz. Zerbrach der Generationenvertrag, wurde der frühe, elende Tod wahrscheinlich. Je ärmer eine Gesellschaft ist, je stärker sie auf die intakte Großfamilie hin orientiert ist, desto mehr ist das auch heute noch der Fall, ob in Afrika, Asien oder Lateinamerika. Das Elend in diesen Ländern kommt auch daher, dass in den Slums der Megacitys der Dritten Welt diese Großfamilien mit ihren Strukturen der selbstverständlichen, religiös begründeten Solidarität zerbrechen. In den reichen Industriestaaten haben die verschiedenen Formen der öffentlichen und privaten Altersvorsorge die ökonomische Bedeutung dieses Gebots fast ganz verschwinden lassen. Es gibt die Renten- und die Pflegeversicherung, Betriebsrenten, Sparbücher und Aktienfonds – noch nie hatten alte Menschen in Deutschland so viel Geld wie heute. Wer schwach und krank wird, dem stehen Pflegeleistungen zu, für den gibt es Altenheime und Krankenhausplätze. Trotz aller berechtigten Kritik an den Missständen in der Altenpflege: In der Regel sind alte Menschen in Deutschland gut versorgt.

Aus dem ökonomischen Gebot, dass die Kinder für ihre arbeitsunfähigen Eltern zu sorgen haben, ist ein soziales Gebot geworden: Eltern und Kinder, Alte und Junge, sollen einander in ihren Eigenarten achten und respektieren. Es ist das Gebot, die Familien als Orte des Lebens zu achten und zu stärken, es hat eine dreifache Richtung, und es mündet in eine Verheißung. Es richtet sich an die Eltern, dass sie so leben, dass ihre Kinder sie auch achten und ehren können. Es richtet sich an die erwachsenen Kinder, dass sie ihre Eltern nicht in seelischer Altersarmut leben lassen, dass sie sie in ihrer Schwäche achten und ihnen verzeihen, was sie als Eltern falsch gemacht haben. Das vierte Gebot ist darüber hinaus ein Protest gegen den allgemeinen Jugendwahn. Und es mündet in die Verheißung: Du kannst getrost alt werden. Du musst nicht immer jung und fit und sexy sein, Du kannst zu Deinen Macken und Schwächen stehen, zu den täglichen Unzulänglichkeiten. Und Du kannst Schritt für Schritt Dein Leben loslassen, Du kannst getrost die Welt in die Hände anderer Menschen legen.

Das vierte Gebot richtet sich also zunächst einmal an die Eltern und ist damit viel mehr als die Aufforderung an die Kinder, gefälligst brav zu sein. Es lautet: Macht es Euren Kindern möglich, dass sie Euch einmal achten und ehren können! Schafft Beziehungen zu Euren Kindern, die ein Leben lang halten; tragt Sorge dafür, dass Eure Kinder mit Euch ein Gesicht verbinden, dass sie Liebe und Wärme spüren, wenn sie an Euch denken. Seid Eltern, die Kinder in den Arm nehmen, wenn sie eine schlechte Note mit nach Hause bringen, setzt sie nicht herab, verbreitet keine Angst, denn wer aus Angst gehorcht, wird seine Eltern einmal nicht ehren können. Es gibt keine engere Beziehung als die der Kinder zu ihren Eltern. Kinder müssen ihren Eltern vertrauen, es bleibt ihnen gar nichts anderes übrig, und die Eltern prägen ihre Kinder mit dem, was sie tun, mit ihrer Liebe oder ihrer Kälte, mit ihrer Zuversicht und ihren Ängsten, mit ihrer Art, ihre Beziehung, ihre Ehe zu leben, Freundschaften einzugehen, zu streiten und sich zu versöhnen. Kinder setzen sich ein Leben lang mit den Verhaltensmustern ihrer Eltern auseinander. Wer will, dass diese Kinder ihn einmal achten und ehren, der muss so leben, dass ihn seine Kinder einmal achten und ehren können.

Kinder haben eine unstillbare Sehnsucht zu wissen, wer ihr Vater ist und wer ihre Mutter. Kinder, die adoptiert sind, machen sich irgendwann auf die Suche nach ihren leiblichen Eltern – und wenn sie dafür nach Indien reisen müssen. Kinder, die mit einer anonymen Samenspende gezeugt wurden, setzen alles daran zu erfahren, wer der Mann ist, dessen Gene sie in sich tragen. Oder die Besatzungskinder der Nachkriegszeit: Viele fragen sich ein Leben lang, wer wohl ihr Vater war; viele können erst dann seelischen Frieden finden, wenn sie ihn gesehen haben, mit ihm gesprochen haben – auch 50, 60 Jahre später. Wer eine Identität haben will, muss seine Wurzeln kennen.

Vater und Mutter zu ehren, ist deshalb in Patchworkfamilien gar nicht einfach. Der Vater hat eine neue Partnerin, die Mutter einen neuen Partner, der in der gemeinsamen Wohnung lebt: Wer ist da Vater, wer Mutter? Wen soll ein Kind ehren: den Mann, der jetzt mit ihm den Alltag teilt, oder den Mann, der am Wochenende und in den Ferien kommt, dessen neue Frau, die auch ganz nett ist – oder alle irgendwie gleich? Es gibt Familien, in denen dieses Beziehungsgeflecht nach einiger Zeit der Trauer, des Konfliktes und der Gewöhnung als Bereicherung erfahren wird, doch die schlichte Wahrheit ist: Viele Kinder tun sich lange schwer mit solch komplizierten und verunsichernden Verhältnissen, und wir wissen noch gar nicht, welche Auswirkungen das auf ihr Leben, auf ihre Beziehungsfähigkeit hat; das wird man wohl erst in zwei, drei Generationen sehen. Sicher ist die heutige Kleinfamilie Ergebnis einer Entwicklung, die im späten 19. Jahrhundert begann und die in den 50er-, 60er-Jahren zum Abschluss kam, sicher gab es früher auch Großfamilien, in denen sich die Eltern manchmal nur sehr wenig um ihre Kinder kümmerten. Allerdings waren die verschiedenen Bezugspersonen damals klar zugeordnet: Die Kinder wussten im Guten wie im Schlechten, welche Rolle der Vater und die Mutter hatten, welche Großeltern, Tanten, ältere und jüngere Geschwister. Das Drama ist nach Trennungen besonders groß, wenn Väter nichts mehr von ihren Kindern wissen wollen und Mütter aus Eifersucht verhindern, dass Väter ihre Kinder sehen. Wer kann da wen ehren, wenn die Mutter schlecht über den Vater redet, der Vater auf die Mutter schimpft? Wenn die neuen Partner nicht akzeptiert werden? Wir glauben zu schnell, dass alle diese Beziehungen keine Rolle spielen, aber Kinder brauchen einen Vater und eine Mutter. Natürlich geht es auch anders und ist zu allen Zeiten anders gegangen; organisatorisch ist vieles heute leicht zu regeln, und Trennungskinder werden nicht einfach Monster, die meisten entwickeln sich trotz der tiefen Verletzung gut. Aber wir sehen erst jetzt, wie viele Jungen unter den abwesenden Vätern leiden. Viele alleinerziehende Mütter wissen das inzwischen und achten darauf, dass ihre Kinder positiv besetzte Männerrollen erleben. Aber es bleibt eben doch nur ein Ersatz.

Genauso wenig können Kinderkrippen, Kindergärten oder Schulen die Funktion der Eltern übernehmen. Die meisten Pädagogen sagen inzwischen, dass Kinderkrippen und Kindergärten gut für Kinder sind; in guten Einrichtungen lernen sie, mit anderen Kindern umzugehen, sich in eine Gruppe einzuordnen, Regeln zu halten – auch deshalb ist die katholische Kirche die größte freie Trägerin von Kindergärten, Kindertagesstätten, Kinderkrippen. Aber weder diese Einrichtungen noch die Schule können die Eltern ersetzen, können aufholen, was die Eltern versäumen. Die Kinder wollen wissen, wer ihre Hauptbezugspersonen sind, was die wichtigste Beziehung in ihrem Leben ist. Und sie haben ein feines Gespür dafür, ob sie abgeschoben werden oder ob die Eltern einen Kindergarten, eine Schule als wichtige Ergänzung ihrer Erziehung begreifen. Und so gut die pädagogische Betreuung der Kinder an vielen Schulen gerade in den Problemvierteln sein mag: sie können nicht heilen, was in den Familien zerbrochen ist. Der eigentliche Erfahrungs- und Lernort für menschliche Werte ist die Familie.

Erziehe Deine Kinder so, dass sie Dich später einmal achten können! Das heißt: Schiebe Deine Kinder nicht ab, sei ihnen aus ganzem Herzen Mutter oder Vater, biete Leib und Seele ein Zuhause. Das heißt aber auch: Lerne, Deine Kinder loszulassen. Binde sie nicht fest, mach sie nicht zum Objekt Deiner eigenen geplatzten Träume. Wir blicken oft und zu Recht auf die Eltern, die aus Überforderung oder Gleichgültigkeit ihre Kinder vernachlässigen, wir sehen, wie die Zahl der Eltern zunimmt, die mit ihren Kindern nicht mehr zurechtkommen, die Erziehungshilfen benötigen und lebenslange Hilfe, um ihr eigenes Leben in den Griff zu bekommen. Es hat aber auch die Zahl der Eltern zugenommen, die ihre Kinder überbehüten, sie vor allen Gefahren und Unannehmlichkeiten des Lebens beschützen wollen, die sie zum Objekt ihres Ehrgeizes und ihrer eigenen Versagensängste machen – dies alles zum Schaden ihrer Kinder. Das vierte Gebot richtet sich auch an Eltern, die ihren Kindern nichts zutrauen, die Angst haben, sie mit der Entscheidung für den falschen Kindergarten aller Lebenschancen zu berauben, die ihre Kinder nie alleine in den Wald lassen und in einer schlechten Schulnote den Weltuntergang sehen. Es richtet sich an Eltern, die aus ihrem Kind ein Designerkind machen wollen. Wie sollen Kinder Eltern ehren, die ihnen ihre Lebensziele eingebimst haben? Die später einmal sagen: Ich bin nicht so, weil ich mich in aller Freiheit so entwickelt habe – ich bin so, weil ihr mich so wolltet, weil ihr mich so hingebogen habt. Das ist ja die Horrorvision der genetischen Auslese bei der künstlichen Befruchtung: dass alle Föten getötet werden, die nicht den Maßstäben vom gesunden, sportlichen, intelligenten, schönen und leistungsfähigen Menschen entsprechen. Wie soll jemand seine Eltern lieben und achten, wenn er erkennen muss: Ihr habt mich nicht so genommen, wie ich bin, ihr habt mich zusammengesetzt? Ich bin kein guter Musiker, keine gute Sportlerin, weil das aus mir heraus kommt, sondern weil ihr mir das bewusst eingepflanzt habt! Es ist eine furchtbare Vorstellung vom Leben. Und das Gebot warnt auch davor, dass Eltern zu viel von ihren Kindern erwarten: Übererwartung endet oft in Angst und Depression. Wenn das Kind dann anders wird als geplant, bricht für viele Eltern eine Welt zusammen. Doch warum soll einer Architekt werden, wenn er doch dichten kann? Oder Dichter, wenn er Architekt werden möchte? Warum muss einer das Abitur machen, bloß weil das der Traum der Eltern ist? Oder eine Schreinerlehre, weil der väterliche Betrieb wartet?

Das Gebot ist aber auch eine Ermutigung an die Eltern und ein Aufruf zur Gelassenheit: Kinder streben danach, ihre Eltern zu achten, zu ehren und zu lieben, auch wenn die Eltern nicht alles im Leben richtig machen, vielleicht sogar gerade dann, wenn sie merken und merken dürfen, dass ihre Eltern nicht perfekt sind. Kinder werden groß, sie strampeln sich frei, sie dürfen ihren eigenen Weg finden, und sie finden ihren eigenen Weg. Es ist für alle Eltern ein schwerer Schritt, ihre Kinder loszulassen, ohne wirklich zu wissen, wie viel Zuversicht, Wärme und Liebe sie ihnen wirklich mitgegeben haben, wie lebenstüchtig ihre Kinder sein werden. Aber nur so kann aus dem abhängigen, unmündigen Kind der Partner der Eltern werden, dem die Eltern ein Leben lang Gegenüber, Berater, Heimat bleiben sollen. Aus dem Eltern-Kind-Verhältnis wird dann das Verhältnis, das der griechische Philosoph Sokrates zu seinen Schülern hatte: Er war ihnen Lehrer und Freund, der wiederum viel von seinen Schülern lernte, der weitergab und annehmen konnte, der den Talenten seiner Anvertrauten zum Durchbruch verhalf. Aus der Abhängigkeit wird lebenslange Freundschaft in Freiheit: Dann können Kinder ihre Eltern ehren.

Das vierte Gebot ist nach dem Gebot an die jungen Eltern das Gebot für die erwachsenen Kinder: Lasst Eure Eltern nicht in seelischer Armut leben! Die größte Sorge alternder Menschen ist nicht mehr die Altersarmut; obwohl es inzwischen Prognosen gibt, dass diese Form der Not wieder zunehmen wird, geht es den meisten Menschen jenseits der Pensionsgrenze materiell gut. Die größte Sorge alternder Menschen ist inzwischen, alleingelassen und abgeschoben zu werden. Es droht statt der ökonomischen die seelische und emotionale Altersarmut. Die Großfamilie mit dem Bedrängenden, aber auch Schützenden, gibt es nicht mehr, den Alten bleibt als letzter Kontakt nach außen oft nur der Fernseher. Die Gebrüder Grimm haben das Märchen von den Eltern aufgeschrieben, die den Großvater mit einem Holzlöffel und einer dünnen Suppe in die Ecke abschieben, als der anfängt zu schlabbern und zu sabbern. Das Kind beginnt daraufhin wortlos an einem Stück Holz zu schnitzen, und als die Eltern fragen, was es da tut, da antwortet es: „Ich schnitze einen Löffel für Euch, wenn ihr einmal alt seid." Es droht den Alten in der Regel keine Wassersuppe mehr, aber es droht ihnen, in die Ecke gesetzt zu werden, weil sie nicht mehr mithalten können, weil sie schwierig und den Jungen peinlich geworden sind. Die Kinder ziehen weg und kommen vielleicht dreimal im Jahr vorbei, sie halten die wunderlichen Alten nicht mehr aus, es fällt ihnen schwer, mit ihren Schwächen und Grenzen umzugehen: Die einst starken Eltern werden nun selber hilfsbedürftig, das ist oft schwer zu akzeptieren. Und die Pflege alter Menschen ist manchmal schwerer, als kleine Kinder zu betreuen.

Da beginnt die große Verantwortung der Jungen – die Alten nicht vereinsamen zu lassen. Alte Menschen können nicht immer bis zum letzten Tag ihres Lebens zuhause bleiben, umsorgt und gepflegt von aufopferungsvollen Angehörigen. Die vielen Frauen (und wenigen Männer), die das tun, sind die stillen Heldinnen und Helden unserer Zeit, denen immer noch viel zu wenig geholfen wird. Aber es gibt alte Menschen, die zu krank oder auch zu verwirrt und aggressiv sind, um zuhause zu bleiben. Gerade die jahrelange Pflege von Alzheimerpatienten überfordert viele Familien, da braucht niemand ein schlechtes Gewissen zu haben, der ehrlichen Herzens sagt: Ich kann nicht mehr. Solche Patienten brauchen ein Pflegeheim, gerade wenn die Kinder oder Enkel nicht am gleichen Ort wohnen. Doch selbst dann gibt es Formen der Zuwendung, der geschenkten Zeit, der liebevollen

Teilnahme am Leben. Und in einer alternden Gesellschaft wird die Tugend, mit alten Menschen so umzugehen, wie wir einmal im Alter behandelt werden wollen, immer wichtiger. Diese Tugend zu lernen und zu lehren, ist eine echte Zukunftsaufgabe. Weil es an dieser Tugend noch fehlt, löst das Wort Altersheim solchen Schrecken aus. Es gibt furchtbare Pflegeskandale; die meisten entstehen dadurch, dass zu wenige Pflegerinnen und Pfleger zu viele Menschen versorgen müssen, dass sie in ihrer Überforderung Patienten schlagen, mit Medikamenten ruhigstellen, an Stuhl oder Bett fesseln. Auch wenn in den meisten Heimen die Insassen ordentlich versorgt werden: Solche Skandale passieren häufig genug, um Horror zu erzeugen. Allein schon das Gefühl, mit lauter alten Menschen zusammenleben zu müssen, ohne Anregungen, nur ab und zu einmal besucht von Menschen aus dem richtigen Leben da draußen, bringt Leute dazu, sich den Tod zu wünschen, wenn der Gedanke an ein Altersheim nur auftaucht.

Hier könnte die Gesellschaft vom Klosterleben lernen. In einem durchschnittlichen Benediktinerkloster leben in der Regel vier Generationen unter einem Dach: vom Hochbetagten, der auf die Hundert zugeht, bis zum 19-jährigen Novizen. Der Umgang miteinander ist oft schwierig, das soll nicht romantisiert werden – den Jungen fehlt manchmal die Geduld für die Alten, die Alten sind nicht mehr flexibel genug, sich auf die Jungen einzustellen. Aber insgesamt profitieren alle Generationen von diesem gemeinsamen Leben. Die Jungen lernen, mit der Krankheit und der Schwäche der Alten umzugehen; sie sehen, dass sie selber einmal so sein werden wie sie.

Und die Alten lernen loszulassen, sich helfen zu lassen, die eigenen Stärken aber auch nicht zu vergessen. Wenn ein Novize einer hochwürdigen Respektsperson auf die Toilette helfen muss, ändert sich das Verhältnis der beiden grundlegend, und zwar zu beiderseitigem Vorteil. Dem Alten fällt alle Hochwürdigkeit ab, er muss den geringsten seiner Brüder bitten, ihm zu helfen. Aber gerade weil er alle Titel, Ämter und Lebensverdienste in diesem Moment ablegt, kann er zu dem jungen Mönch eine ganz besondere Beziehung aufbauen. Und der Novize lernt in der Respektsperson einen ganz anderen Menschen kennen: einen, der Hilfe braucht, der aber trotzdem ein achtenswerter Mensch bleibt, auch wenn er auf einmal mit seinem längst verstorbenen Bruder redet oder nicht mehr weiß, wer ihm da auf die Toilette hilft. Man lernt, das Vergängliche zu begreifen, dass alles, was man tut und erreicht, unter dem Vorbehalt des Abschieds steht.

Im Kloster bekommt man auch einen realistischen Blick auf das Alter – gegen den derzeitigen allgemeinen Pessimismus: Alte Menschen sind heute bis ins hohe Alter fit und rege, nur eine Minderheit wird länger pflegebedürftig. Alte Menschen sind eine Quelle der Lebenskraft und der Freude für die Jüngeren. Es war ein alter Mönch, der dem 43-jährigen Erzabt sagte: Höre nicht auf mit der Musik, weil du glaubst, dass dich das zu viel Zeit kostet. Die Totenstille ist beklemmend – mach weiterhin Musik, das tut unserer Gemeinschaft gut! Es sind die Großmütter, die am gelassensten mit ihren Enkeln umgehen. Und es sind die alten Ehepaare, die für die Weitergabe des Lebens an die nächste und übernächste Generation stehen, die aus der Erfahrung von 50 Jahren

Beziehung erzählen können. Solchen Erfahrungsschatz nutzen die Jungen viel zu selten – auch weil die Alten aus ihrem Leben verschwinden, weil es zu wenig Modelle gibt, wie mehrere Generationen in einer Siedlung oder unter einem Dach wohnen können, ohne sich die Luft zum Atmen zu nehmen.

Ein schwieriges Thema der Beziehung zwischen erwachsenen Kindern und ihren alternden Eltern ist das gegenseitige Verzeihen. Die Eltern sollen ihren Kindern verzeihen, dass die so ganz anders geworden und ganz andere Wege gegangen sind, als Vater und Mutter das einst planten. Und die Kinder sollen die Fehler und Schwächen der Eltern verzeihen. Niemand erzieht seine Kinder fehlerfrei, niemand kann seine eigenen Grenzen entfernen. Aber selbst schlechte Eltern sind ehrwürdig – nicht um der Eltern, sondern um der Kinder willen, die unter diesen Eltern litten. Das kann sehr schwer werden, wenn Kinder in ihrer Seele verletzt wurden, wenn sie unterdrückt und mit unrealistischen Erwartungen überhäuft, geschlagen oder gar sexuell missbraucht wurden. Dann können nicht die Eltern das Verzeihen verlangen oder erbitten; das muss dann von den Kindern selbst ausgehen. Aber auch in solchen Extremsituationen bleibt die Aussöhnung mit dem Vater oder der Mutter wichtig. Nicht, um deren Schuld zu verschweigen, im Gegenteil: Oft kommt erst im Aussöhnungsprozess das ganze Ausmaß der Schuld ans Tageslicht. Auch nicht, um die Verantwortung der Eltern kleinzureden oder ganz zu leugnen, sondern weil es zu einem gelingenden Leben dazugehört, sagen zu können: Ja, Du hast mir Furchtbares angetan. Aber Du bleibst mein Vater, bleibst meine Mutter. Ich nehme

Dich an, ohne etwas zu entschuldigen. Das klingt gerade für die Opfer von Gewalt und sexuellem Missbrauch unannehmbar. Doch ohne die Möglichkeit zu verzeihen, bleibt gerade diesen Frauen und Männer eine doppelte Tortur: die Folter dessen, was geschah, und die Folter, dass das Geschehene immer noch mein Leben bestimmt, dass es mich nicht loslässt. Damit erlaube ich meinen Eltern, dass sie mich weiter misshandeln.

Das vierte Gebot ist außerdem ein Gebot gegen den Jugendwahn: Wer die Eltern ehrt, nimmt den Kult ums ewige Jungsein nicht so ernst. Es fällt uns heute so schwer wie noch nie, alt zu werden; das Alter hat viel von seiner Ehrwürdigkeit, seiner natürlichen Autorität verloren. Das liegt daran, dass wir, Gott sei dank, heutzutage lange gesund und fit und sportlich bleiben. Es liegt aber auch daran, dass jung zu sein zu einem Wert an sich geworden ist, der die Menschen schrecklich unter Druck setzt: Sei fit! Sei sexy! Verberge deinen Bauchansatz und verschweige, wo es dich morgens zwickt, sei stolz, wenn du für jünger gehalten wirst, als du bist – und geknickt, wenn einer das richtige Alter tippt! Nimm Pillen und Tabletten, wenn die Leistungskraft nachlässt! Und wenn auch das nichts mehr hilft, hast du verloren, bist du nichts mehr wert, ein Problemfall. Das vierte Gebot dagegen sagt: Graue Haare können schön sein und ein Speckring um den Bauch zu einem gemütlichen Menschsein gehören! Man kann auch würdevoll durchs Leben humpeln und muss nicht die hautenge Designerjeans anziehen, obwohl sie einem im Schritt das Blut abdrückt! Ehre die Gebissträger und fühle dich nicht entehrt, wenn du ein Gebiss brauchst! Gesundheit, Jugend und ewige Fitness sind nicht die höchsten Güter der Menschen. Gesundheit, Jugend und Fitness sind schön, wer sie hat, soll sich an ihnen freuen. Doch das höchste Gut des Menschen ist seine Menschenwürde, ist die Heilung seiner Seele, egal, wie gesund oder krank jemand ist. Du sollst das Alter ehren heißt auch: Du sollst die Jugend nicht heiligen. In der Regel des heiligen Benedikt heißt es: Die Jungen sollen die Alten ehren, und die Alten sollen die Jungen lieben. Das ist ein wunderbarer Satz. Die Alten müssen akzeptieren, dass die Jungen andere Wege gehen als sie – und die Jungen müssen verstehen, dass die Alten so sind, wie sie nun einmal geworden sind. Die Jungen sollen die Lebenserfahrung der Alten schätzen, die Alten sich an der Beweglichkeit der Jungen freuen. Jedes Alter hat sein eigenes Recht, seine eigene Würde

Und schließlich ist vierte Gebot verknüpft mit einer Verheißung: „… auf dass es dir gut gehe und du lange lebst im Land der Verheißung." Die Verheißung des vierten Gebots lautet: Ich darf alt werden. Ich habe so viel für die anderen getan, jetzt dürfen die einmal etwas für mich tun. Ich darf schwach werden, komisch, mir selber fremd. Ich darf inflexibel werden, merkwürdig, schwerhörig, ich darf mich in Tippelschritten vorwärtsbewegen. Und trotzdem behalte ich meinen Platz im Leben. Ich weiß, ich kann loslassen, weil es Menschen gibt, die lieben mich trotz meiner Altersmacken. „Auf dass es dir gut gehe auf Erden" – das Gebot, die Eltern zu ehren, ist das Gebot des gelingenden Lebens, das Gebot der Eltern- und Kindesliebe. Es stellt die Familie in den Mittelpunkt der Gesellschaft, den unauflöslichen Liebespakt zwischen Eltern und Kindern. Das war immer schon eine Vision, und auch heute bleibt dieser Liebespakt oft genug nur ein schöner Traum. Aber warum von diesem Traum abrücken, wenn es ums gelingende Leben geht? Warum nicht mit aller Kraft um diesen Liebespakt kämpfen – auf dass die Menschen lange leben im Land der Verheißung?

5. Gebot:
Du sollst nicht töten

Das Leben ist heilig – das ist das grundlegende Gebot des menschlichen Miteinanders. Und doch ist es so furchtbar oft gebrochen worden, auch mit dem Segen der Kirche. Übersetzt man den hebräischen Urtext wörtlich, so lautet das Gebot: Du sollst nicht morden. Das hat es den Apologeten des Krieges lange einfach gemacht, den Feldherren, Königen, aber auch Geistlichen: Gemeint sei ja nur der Mord, wenn einer einen anderen heimtückisch und aus niederen Beweggründen umbringt. Aber damit beginnt die Kasuistik, deren Kunst darin besteht, alle Gebote so zu wenden, bis sie in diesem speziellen Fall nicht mehr gelten: Haben wir nicht aus Einsicht in die Notwendigkeit getötet, weil es nicht anders ging, zum Schutz der Allgemeinheit, für eine bessere Welt? Der Kasuist lebt sündenfrei, weil er immer die entscheidende Ausnahme oder Ausrede findet.

Das fünfte Gebot bedeutet: Du sollst das Leben in allen seinen Phasen schützen und bewahren. Du sollst Kriege immer als Übel betrachten und um den Frieden ringen, Du sollst tun und denken, was dem Leben dient. Du sollst der Allmachtsverlockung widerstehen, Dich zum Herren über Leben und Tod zu machen. Denn es gibt keine größere Macht, als Herr über Leben und Tod von Menschen zu sein – und es gibt auch keine größere Versuchung.

Die Deutschen, die meisten Europäer, leben seit mehr als 60 Jahren im Frieden, und trotzdem wird das Gebot, das Leben zu schützen, immer drängender. Bis zum Ende der Teilung durfte Deutschland militärisch nicht stark sein und konnte von daher auch keine internationale Verantwortung übernehmen. Nun aber stehen deutsche Soldaten im Kosovo und in Afghanistan, kreuzen vor dem Horn von Afrika; der Tod und das Töten sind ihre Begleiter geworden. Bundestagsabgeordnete müssen über Kampfeinsätze der Armee abstimmen, Polizei und Geheimdienste ermitteln, wie konkret die Gefahr eines großen Anschlages in Deutschland ist. Der Krieg ist näher gerückt, die Lebens- und die Feindesliebe ist schwerer geworden als in den 80er-Jahren, als die Friedensbewegung gegen den Atomtod auf die Straße ging, der abstrakt in den Bunkern des Warschauer Paktes und der Nato lauerte. Und auch, wenn es um den Anfang und das Ende des Lebens geht, ist das Gebot, das Leben zu schützen, in Gefahr. In Forschung und Medizin sind Grauzonen entstanden, in denen nur mit Mühe und manchmal überhaupt nicht mehr zu klären ist, wo das Leben beginnt und wo es endet, wo es schützens- und bewahrenswert ist. Dürfen Sterbehilfevereine unheilbar Kranken helfen, sich zu töten? Darf ein Wissenschaftler an embryonalen Stammzellen forschen, in der Hoffnung, Erkenntnisse zu gewinnen, die einmal helfen, Krankheiten zu heilen? Und immer noch stehen in einer Gesellschaft, die kinderfreundlich sein will, jedes Jahr hunderttausende Frauen vor der Frage, ob sie abtreiben sollen oder nicht, weil sie in seelischer, materieller oder sozialer Not sind.

Das fünfte Gebot heißt also erstens: Du sollst den Krieg immer als ein Übel betrachten und bekämpfen. Die Kirche hat hier einen weiten Weg hinter sich. Die Urchristen lehnten Krieg und Militärdienst noch ab, doch schon der römische Bischof Ambrosius hielt im 4. Jahrhundert Kriege des christlich gewordenen römischen Reiches gegen Barbaren und Häretiker für gerechtfertigt. Im Jahr 420 formulierte Augustinus die Lehre vom gerechten Krieg; mehr als 600 Jahre danach verfeinerte Thomas von Aquin sie: Gerecht ist demnach ein Krieg, der nicht den Gegner vernichten, sondern die Rechtsordnung wiederherstellen wolle, der von der legitimen Autorität aus einem gerechten Grund geführt werde. Augustinus und Thomas wollten die Kriegsführung rationalisieren und begrenzen. Aber ihre Lehren hatten zur Folge, dass die prinzipielle Ablehnung des Krieges bis ins 20. Jahrhundert hinein an die Ränder des kirchlichen Denkens gedrängt wurde – trotz des Heiligen Franziskus und seiner fröhlichen Gewaltlosigkeit, trotz des Mutes eines Bartholomé de las Casas, der seinem spanischen König erklärte, alle seine Kriege in Südamerika seien ungerecht gewesen und deshalb müsse das eroberte Land wieder an die Indianer zurückgegeben werden. Martin Luther begrenzte den gerechten Krieg auf die Selbstverteidigung der Obrigkeit; Angriffs- und Religionskriege schloss er aus. Doch auch die evangelischen Fürsten und Machthaber haben sich nicht daran gehalten, sie erklärten ihre Kriege zu legitimen Verteidigungskriegen. Selbst ein so mutiger Hitlergegner wie der Münsteraner Bischof Graf von Galen hielt den Krieg der deutschen Wehrmacht gegen die West-Alliierten und gegen die Sowjetunion bis 1945 für einen gerechten Kampf zur Abwehr des Bolschewismus und zur Verteidigung der Heimat.

Es musste die Katastrophe des Zweiten Weltkrieges geschehen, bis die Kirchen erkannten, dass Krieg nach Gottes Willen nicht sein darf, wie der Ökumenische Rat der Kirchen 1948 formulierte. Tatsächlich treten die katholische und die evangelische Kirche seit dem Ende des Zweiten Weltkrieges engagiert wie keine andere Institution auf der Welt für den Frieden ein – in ihrer Verkündigung und in der Praxis. Es gab und es gibt immer wieder Kriegstheologen, im Kalten Krieg, unter den Nationalisten der orthodoxen Kirchen, bei den Kreuzzugspredigern der christlichen Rechten. Prägend aber sind die Bilder des todkranken Papstes Johannes Paul II. geworden, der bis zur letzten Minute alles unternahm, um den Irak-Krieg zu verhindern, der mit dem amerikanischen Präsidenten George Bush und dem britischen Premierminister Tony Blair redete, der seinen besten Diplomaten, Kardinal Etchegaray in den Irak schickte, der nach dieser Reise sagte, was sich später als Wahrheit herausstellte: Der Irak ist eine fürchterliche Diktatur – aber das Land besitzt keine Massenvernichtungswaffen. Es war der letzte große Demutsakt des Papstes, der sich nicht von diplomatischen Überlegungen das Gewissen verbiegen lassen wollte. Ein Krieg, so hat er gesagt, ist immer eine Niederlage für die Menschheit. Viele Diplomaten im Vatikan waren besorgt, weil Johannes Paul II. so unnachgiebig blieb. Sie sahen, dass der Papst den Krieg ohnehin nicht würde verhindern können, und sie fürchteten, dass das Verhältnis zu den Großmächten Schaden leiden könnte. Sie haben geirrt: Die ungelegenen Auftritte des Papstes waren ein Zeichen für die ganze Welt – und besonders für die muslimische Welt, wo die besonnenen Vertreter sehen konnten, dass nicht „der Westen" gegen sie ist. Der Pazifismus des Papstes schien sinnlos zu sein – aber in Wahrheit hatte er eine immense politische Wirkung.

Das Erbe des Papstes, der den Vernichtungskrieg gegen sein Volk überlebte, lautet: Es gibt keinen gerechten Krieg mehr. Ein Krieg ist immer ungerecht, er schafft immer Leid, er tötet gegen das Gebot, nicht zu töten. Papst Johannes Paul II. hat es auf den Punkt gebracht: „Krieg ist immer eine Niederlage für die Menschheit." Ein Staat, eine Staatengemeinschaft kann in das furchtbare Dilemma geraten, das Unrecht des bewaffneten Kampfes auf sich nehmen zu müssen, um größeres Morden zu verhindern. Dies aber macht den Krieg nicht gerecht. Denn auch der Krieg, der das offensichtlich Gute verteidigen will, befördert das Böse. Er gebiert die Lust am Töten, an der Vergewaltigung und Vernichtung des Menschen, die Lust an der grenzenlosen Macht über den anderen. Es war nötig und unvermeidlich, dass die Alliierten den Angriffskrieg der deutschen Wehrmacht stoppten, dass sie das Morden in den Konzentrationslagern beendeten, Hitlers Herrschaft brachen. Aber war es gerecht, dass die amerikanischen und englischen Piloten in der Nacht vom 13. auf den 14. Februar 1945 die Bombenschächte öffneten, dass sie die Stadt Dresden untergehen ließen und mit ihr zehntausende Menschen, die dort lebten? Die Geschichte des Schriftstellers und Professors Victor Klemperer zeigt das Dilemma. Am Nachmittag des 13. Februars muss er, der als Jude selber die Deportation vor Augen hat, Briefe an die letzten lebenden Juden der Stadt verteilen – sie kündigen die „Evakuation" an. Für ihn und für die Menschen, an die er die Briefe verteilt, bedeuten die Brandbomben die Rettung; im Chaos der sterbenden Stadt interessiert sich niemand mehr für Deportationslisten. Und trotzdem waren die Bomben auf Dresden ungerecht. Ungerecht wie der Feuersturm in Hamburg und die Bombenteppiche über dem Ruhrgebiet, die dazu erdacht wurden, möglichst viele Menschen zu töten und so die Kampfmoral der Deutschen zu schwächen. Die Kinder, die in den Dresdner Kellern erstickten oder auf den Straßen zu Häuflein verbrannten, hatten das gleiche Lebensrecht wie die jüdischen Kinder, die in den Konzentrationslagern ermordet wurden. Selbst der am sichersten gerechtfertigte Krieg der Geschichte, die Verteidigung der Welt gegen die Weltmachtpläne Hitlers, war also ungerecht in jener Nacht, als die Brandbomben unterschiedslos SS-Schergen und Unschuldige töteten.

Deshalb haben sich die katholische und die evangelische Kirche in Deutschland in ihren Friedensworten von 2002 und 2007 von der Lehre vom gerechten Krieg verabschiedet und erklärt, dass sie sich für den gerechten Frieden einsetzen wollen, der mehr ist als die Abwesenheit der bewaffneten Auseinandersetzung. Die Kirchen sind überall auf der Welt vertreten, sie wissen, was Krieg bedeutet. Die Priester und Ordensleute in Afrika sehen, dass die Kleinwaffen aus dem Westen oder den ehemaligen Ostblockstaaten ein gutes Geschäft sind, sie erleben, was diese Waffen anrichten, wie mit ihnen der letzte Rest an Zivilstruktur zerstört wird. Sie wissen, dass die reichen Länder korrupte Regime wie das in Kenia über Jahrzehnte stützen, um ihre Investitionen nicht zu gefährden. Du sollst nicht töten heißt auch: Stärke die Zivilgesellschaft, bekämpfe die Korruption, schaffe einen Rechtsstaat!

Beide Kirchen sind deshalb auch skeptisch, was die Bundeswehreinsätze im Ausland angeht. Sie sehen das Dilemma, dass auch der bestgemeinte Einsatz Menschenleben kostet; sie sind diejenigen, die immer kritisch fragen müssen: Was bringt dieser Einsatz – und was kostet er? Die Kirchen reden da nicht ins Blaue hinein. Jonathan Göllner zum Beispiel, einer der Benediktinermönche aus dem Kloster Königsmünster in Meschede, war Militärpfarrer in Masar-i-Scharif. Er hat erzählt, wie sich die deutschen Soldaten verändern, wenn sie im Einsatz sind, fern von Frauen, Freundinnen, Kindern, ausgebildet zur Friedenssicherung, aber auch zum Töten. Der Tod ist längst in den Köpfen angekommen, der Feind überall, da sitzt die Waffe lockerer. Dann spielen auf einmal auch brave deutsche Männer, die bislang nichts anders kennengelernt haben als die deutsche Wohlstandsgesellschaft, makabere Spiele mit Knochen und Schädeln, die sie im Wüstensand finden. Die Deutschen bringen Geld in die Region, versuchen Zivilstrukturen zu fördern. Aber die Bundeswehr bleibt eine Armee, ausgebildet zum Töten. Sie hat sich in die Logik des Krieges begeben, auch wenn sie im Norden Afghanistans vieles beispielhaft richtig macht. Aber der Druck wächst, Soldaten auch im umkämpften Süden einzusetzen. Du sollst nicht töten heißt: Lass Dich nicht in die Logik des Tötens hineinziehen. Es ist das Gebot der Leidempfindlichkeit, der Nähe zu den Opfern aller Gewalt, das Gebot, das verhindert, Tote gegeneinander aufzurechnen: die Toten von Dresden gegen die Toten von Auschwitz, die Toten aus den Twin Towers in New York gegen die Toten im Irak.

Das fünfte Gebot richtet sich auch gegen die Todesstrafe. Das furchtbarste Verbrechen rechtfertigt es nicht, dass ein Staat sich zum Richter über Leben und Tod macht. Urteile können Fehlurteile sein, weil Richter auch nur Menschen sind. Eine Hinrichtung aber ist nun einmal nicht rückgängig zu machen, und in den USA gibt es deprimierend viele Beispiele für Fehlurteile, die zu einer Hinrichtung führten. Die Vereinigten Staaten sind auch das beste Beispiel dafür, dass die Drohung mit dem Tod im Zweifel keinen Verbrecher abhält, seine Untat zu begehen, sonst wäre in den vergangenen Jahren mit der steigenden Zahl der Hinrichtungen die Zahl der Verbrechen zurückgegangen. Die katholische Kirche hat lange gebraucht, bis sich die Päpste so klar und eindeutig gegen die Todesstrafe ausgesprochen haben, wie das Johannes Paul II. getan hat und wie das nun Benedikt XVI. tut. Darauf allerdings können die Katholiken nun stolz sein: Keine andere Institution spricht sich weltweit so klar gegen die Todesstrafe aus. Die internationale Basisgemeinde San Egidio zum Beispiel kämpft seit Jahren für ein Moratorium, dass für einen bestimmten Zeitraum alle Todesstrafen ausgesetzt werden.

Du sollst nicht töten, das bedeutet in den reichen und hochtechnisierten Ländern, die den Krieg nur aus der Ferne kennen, zunehmend: Du sollst das Leben als unverfügbar und unverhandelbar wertvoll halten, selbst, wenn es stört oder keinen ökonomischen oder gesellschaftlichen Nutzen bringt, Kosten verursacht. Nach dem Ende der nationalsozialistischen Euthanasie- und Rassegesundheitsprogramme schien eine Einteilung in wertes und unwertes Leben ein für alle Mal unmöglich geworden zu sein. Tatsächlich will keine auch nur entfernt maßgebliche politische oder philosophische Strömung den Biologismus des späten 19. Jahrhunderts wiederbeleben, der die geistigen Grundlagen für die Morde an behinderten oder geisteskranken Menschen lieferte. Aber durch den medizinischen Fortschritt sind Grauzonen am Anfang und am Ende des Lebens entstanden, in denen der Schutz des Lebens immer schwieriger wird. Das holländische Parlament hat ein Gesetz genehmigt, dass Kinder, die schwerstbehindert zur Welt kommen, getötet werden können.

Für die meisten werdenden Eltern in Deutschland ist die Pränataldiagnostik mittlerweile selbstverständlich. Entwickelt wurde sie für wenige Ausnahmefälle, um bei einem Verdacht auf eine schwere Krankheit letzte Gewissheit zu erhalten. Inzwischen aber müssen Schwangere, vor allem wenn sie über 35 Jahre alt sind, ausdrücklich eine Fruchtwasseruntersuchung ablehnen. Geschieht das nicht, riskiert der Arzt ein Gerichtsverfahren, wenn ein behindertes Kind geboren wird. Den meisten Eltern bringt die Untersuchung Erleichterung: Alles in Ordnung. Manchmal können durch die Genanalyse Krankheiten des Kindes schon im Mutterleib behandelt werden, können sich Familien auf den Umgang mit einem behinderten Kind einstellen. Häufig aber bricht mit der Diagnose eine Welt zusammen, und die werdenden Eltern stehen völlig unerwartet vor der Frage, ob sie mit einem behinderten Kind leben oder ob sie abtreiben wollen. Keiner Frau ist ein Vorwurf zu machen, wenn sie sich überfordert sieht, das Kind nicht will. Aber seit die genetische

Pränataldiagnose zu einer üblichen Untersuchung geworden ist, gibt es in Deutschland kaum noch Kinder mit Down-Syndrom: Die Diagnose „Trisomie 21", Mongolismus, bedeutet in der Regel auch das Ende der Schwangerschaft. So verschwinden allmählich die Behinderten, es gibt sie nicht mehr, man sieht sie nicht mehr. Und Eltern, die Ja gesagt haben zu ihrem Kind, auch wenn es im Leben nie so leistungsfähig sein wird wie ein nicht behinderter Mensch, müssen sich mittlerweile Vorhaltungen machen lassen: Wäre das nicht zu verhindern gewesen? Bei der Präimplantationsdiagnostik, deren Erlaubnis viele Mediziner und Politiker fordern, beginnt die Auswahl noch früher. Nach einer künstlichen Befruchtung entscheiden die Ärzte mittels einer genetischen Untersuchung, welche befruchtete Eizelle sie in die Gebärmutter einsetzen – und welche sie aussortieren, vernichten. Das klingt zunächst vernünftig und nachvollziehbar, aber auch hier wird das Lebewesen mit den objektiv nützlichen Eigenschaften dem vordergründig unnützen Leben vorgezogen. Aber wer kennt das Glück von mongoloiden Kindern? Wer berücksichtigt die Freude, die Eltern mit diesen Kindern genauso haben wie mit nicht behinderten? Auch behinderte Kinder haben Freude am Leben, und sie schenken Freude am Leben.

Das Leben dient einem Zweck, es wird verfügbar – das ist auch das Problem der Forschung an embryonalen Stammzellen. Die Forschungsfreiheit ist ein hohes Gut. Forscher müssen neugierig sein, Grenzen überschreiten, das Undenkbare denken. Sie müssen auch Grundlagenforschung betreiben können, ohne versprechen zu müssen, dass am Ende der Forschung ein bestimmtes Ergebnis, ein bestimmtes Medikament, eine neue Heilungsmethode steht. All dies nehmen die Wissenschaftler, die mit embryonalen Stammzellen arbeiten, für sich in Anspruch. Aber sie reden nicht – oder nur sehr ungern – über den Preis, den ihre Forschung hat: Sie zerstören menschliches Leben. Die Forscher betonen, dass sie nur überzählige Embryonen aus künstlichen Befruchtungen verwenden, die ohnehin zerstört würden; aber wer garantiert, dass es dabei bleibt, dass nicht bald Eizellen von Spenderinnen gekauft und dann künstlich befruchtet werden, um sie nach kurzer Entwicklungszeit zu zerstören? Über die Frage, wann das menschliche Leben beginnt und wann es als menschliches Leben schützenswert ist, haben sich die Theologen und Philosophen über die Jahrhunderte hinweg die Köpfe zerbrochen: Wenn sich die befruchtete Eizelle in der Gebärmutter einnistet? 40 Tage nach der Befruchtung? Wenn ein Embryo Schmerz empfinden kann? Wenn ein Kind einen eigenen Willen entwickelt? Die einzige klare Antwort lautet letztlich: Wenn Ei- und Samenzelle sich verbinden, entsteht menschliches Leben, das geschützt werden muss. Und wenn das so ist, dann ist der Preis der Forschung mit embryonalen Stammzellen zu hoch. Diese Forschung wird auf absehbare Zeit keine Leben retten oder Krankheiten heilen, sodass eine Dilemma-Entscheidung anstünde: Muss man die Zerstörung eines überzähligen Embryos akzeptieren, um bereits geborenen Menschen das Leben zu retten? Stattdessen senkt sie den Preis, jenseits dessen das Leben verfügbar wird. Es ist erstaunlich, mit welcher Sicherheit die Forscher verheißen, dass sie bald schwere Krankheiten heilen können. Welchen Wert die Verheißungen haben, kann man daran ermessen, dass es in den 60er-Jahren eine ähnliche Euphorie gab, als die DNS-Spirale entdeckt und beschrieben wurde: Zum Jahrtausendende sollten die Übel der Menschheit beseitigt sein, hieß es damals. Heute zeigt sich: Wer die schlimmsten Krankheiten der Menschheit bekämpfen will, der muss die Malaria bekämpfen, der muss für sauberes Trinkwasser und für gesunde Ernährung sorgen, der muss dafür eintreten, dass mit einfachen Medikamenten einfach zu behandelnde Krankheiten geheilt werden können – die Gen-Medizin hat noch keinen wesentlichen Beitrag zur Weltgesundheit geleistet.

Der Wert des Menschenlebens gerät auch in der anderen Grauzone in Gefahr, in der am Ende des Lebens. Zum Glück werden die Menschen im Durchschnitt immer älter, und Gott sei Dank gibt es die moderne Medizin, die Krebs bekämpft, Herzinfarkte überleben hilft, die Folgen von Schlaganfällen begrenzt. Aber die Grenze zwischen Leben und Tod ist dadurch immer schwerer zu definieren. Wann darf ein Arzt die Geräte abschalten? Nach welcher Zeit soll er einen Komapatienten verdursten lassen? Darf es Vereinigungen geben, die todkranken Menschen beim Suizid assistieren? Die Fragen sind nicht leicht und kaum allgemein zu beantworten, die Verantwortung für Ärzte, Pflegepersonal und Angehörige ist immens und oft kaum zu bewältigen. Auch aus Sicht der Kirchen ist die sogenannte passive Sterbehilfe ethisch erlaubt: Man muss einen Sterbenden nicht bis zur letzten Sekunde Qualen erleiden lassen, um sein Leben zwei Wochen zu verlängern, vielleicht, um noch schnell eine Erbangelegenheit zu regeln. Viele Ärzte geben ihren Patienten inzwischen hoch dosierte Schmerzmittel, auch wenn sie wissen, dass sie damit das Leben des Menschen verkürzen; viele unterlassen eine Wiederbelebung, die das Leben nur um wenige Tage verlängern würde, stellen Apparate ab, um sinnlos gewordenes Leid zu beenden. Die Palliativmedizin, die Schmerztherapie, hat in den vergangenen Jahren enorme Fortschritte gemacht; 95 Prozent der Schmerzpatienten könnte geholfen werden, stünden ausreichend Therapieplätze zur Verfügung. Viele Umfragen zur Sterbehilfe zeigen: Die meisten Menschen, die ihrem Leben ein Ende setzen würden, hätten sie eine unheilbare Krankheit, haben weniger Angst vor dem Sterben als vielmehr Angst vor den Schmerzen, vor dem Gefühl, ausgeliefert zu sein, vor der Einsamkeit in der Todesstunde. Sie brauchen Schmerzmittel, eine gute Pflege, liebevolle Begleitung – kein Gift.

Trotzdem: Was ist mit den anderen? Mit jenen fünf Prozent, denen die Schmerztherapie nicht helfen kann? Mit jenen Patienten, denen eine gute Palliativmedizin verwehrt bleibt? Kann man nicht verstehen, dass diese Menschen sich nichts sehnlicher wünschen als den Tod? Ja, man kann es verstehen. Man kann verstehen, dass Menschen ihr Leben so unerträglich finden, dass sie sich nichts sehnlicher wüschen als den Tod. Doch in allen Ländern, in denen die aktive Sterbehilfe erleichtert wurde, sind die Folgen bedenklich. In der Schweiz kann der Sterbehilfe-Verein Dignitas sein Geschäft betreiben. Immer wieder gibt es Vorwürfe, der Verein rechne nicht ordnungsgemäß ab, immer wieder ist die Selbstdarstellung des Vorsitzenden Minelli wichtiger als die Sorge um die Todkranken. Inzwischen hat Dignitas schon auf einem Autobahnparkplatz Menschen zum Tode gebracht; in

Deutschland sucht der Verein einen lebensmüden Menschen, der sich Gift geben lassen will – um dann einen Musterprozess notfalls bis zum Verfassungsgericht zu betreiben. In den Niederlanden zeigen Umfragen, dass viele Menschen sich unter Druck fühlen, als alte und kranke Menschen den Angehörigen nicht zur Last fallen zu dürfen; auch zeigt sich, dass die Liberalisierung der Sterbehilfe-Gesetze die rechtliche Grauzone nicht beseitigen konnte, dass es große Unklarheit gibt, was ein Arzt mit einem sterbenden oder todkranken Patienten machen darf und soll. Was bin ich als Mensch noch wert? Habe ich mich dem Konsumdenken anderer Menschen unterzuordnen? Die ersten Niederländer haben mittlerweile eine Patientenverfügung, in der sie darum bitten, dass alles zur Rettung ihres Lebens getan wird und sie nicht zum Opfer einer Sterbehilfe werden.

Eltern wünschen sich ein gesundes Kind, Todkranke wollen ihrem Leben selbstbestimmt ein Ende setzen, das sind alles verständliche Wünsche. Doch sie um jeden Preis zu erfüllen, hieße, das Menschenrechtsdenken zu gefährden, das im deutschen Grundgesetz verankert ist: Jeder Mensch hat unveräußerliche Rechte, jedes menschliche Leben steht unter dem Schutz des Staates. International werden bereits Ethiken jenseits der Menschenwürde diskutiert; in Asien unter der Überschrift „Harmonie mit der Natur", im Westen bezweifeln Philosophen, dass allein die Zugehörigkeit zur Spezies Mensch die absolute Würde und Unantastbarkeit des menschlichen Lebens begründet, oder versuchen, ein bestimmtes Maß an Qualität zu benennen, das menschliches Leben haben muss, um schützenswert zu sein. Maßstab ist dann nicht mehr das einzelne, gefährdete Leben, Maßstab sind die Bedüfnisse der Mehrheit: Wie belastet dieses Leben seine Umwelt? Welche Ressourcen nimmt es in Anspruch, welchen Nutzen hat es für die Gemeinschaft? Noch sind das die Gedanken einer Minderheit, aber in den Zeiten der allgemeinen Kostenbegrenzung haben sie eine innere Logik. Was mit den Menschen geschieht, deren Lebenssaldo nach solchen Berechnungen negativ ist, wagt man sich allerdings nicht auszumalen.

Wahrscheinlich hilft in dieser schwierigen Lage am ehesten das ethische Prinzip des Tutiorismus: Wenn man sich einer Sache nicht sicher ist, soll man die vorsichtige, die lebensschützende Seite wählen, weil der Gottesglaube den Menschen in seiner Würde verteidigt. Solange nicht sicher ist, dass die Forschung an Stammzellen lebensrettend ist, ist der Staat aufgefordert, die Zerstörung von Embryonen möglichst zu verhindern. Wenn aktive Sterbehilfe oder assistierte Selbsttötung dazu führen, dass Menschen auch gegen ihren Willen zu Tode gebracht werden oder der Druck auf sie steigt, sich den Tod zu wünschen, dann darf beides nicht erlaubt sein. Das ist nicht forschungsfeindlich, der Tutiorismus bleibt offen für Entwicklungen, und die Theologen sollten Genetiker und Lebenswissenschaftler nicht einfach als unethisch disqualifizieren. Aber er lenkt den Blick auf die Schwachen, auf das bedrohte Leben, er fragt nach dem Preis des Fortschritts, und er ermöglicht den kritischen Blick auf die Heilsversprechen der Forscher: Wenn die Forschung an embryonalen Stammzellen nur um den Preis des zerstörten Lebens möglich ist, dann ist die Forschung an adulten, also erwachsenen Stammzellen der bessere Weg. Und auch wenn ein Staat, wenn die Europäische Union die Forschung an embryonalen Stammzellen nicht verhindern kann, so kann sie doch Zeichen setzen und die Alternativen fördern.

Das bedrohte Leben schützen, das bedeutet auch, alles zu tun, um die Zahl der Abtreibungen zu senken. Auch hier sind viele Fragen nicht so einfach zu beantworten, wie es manche der fundamentalistisch strengen Lebensschützer meinen; viele Beraterinnen aus den katholischen Beratungsstellen erzählen von Lebensschicksalen, bei denen man verstehen kann, dass eine Frau, alleingelassen von Mann, Verwandten, Gesellschaft, sich nicht in der Lage sieht, ein Kind zu bekommen. Die Kirche muss auch akzeptieren, dass ein demokratisches Parlament ein Abtreibungsgesetz verabschiedet, das nicht den kirchlichen Vorstellungen entspricht – wobei die Paragraphen 218 und 219 des deutschen Strafgesetzbuches sehr differenzierte Regelungen treffen: Eine Abtreibung aus sozialen Gründen ist rechtswidrig, auch wenn sie unter bestimmten Bedingungen straffrei bleibt; vor dem Abbruch der Schwangerschaft steht eine Konfliktberatung – die Hilfe für die Frauen ist wichtiger als die Strafe. Die Bundesrepublik muss Abtreibungen ermöglichen und regeln, doch was wäre, wenn die Kirchen sagten: Hier können wir weder rechtlich noch politisch noch gesellschaftlich etwas ändern, also lasst uns nicht mehr über das Thema reden? Es würde etwas fehlen, wenn die Kirchen die hohe Zahl der Abtreibungen aus sozialen Gründen nicht mehr einen Skandal nennen würden, wenn sie resignierend oder aus Sorge um die Diskursfähigkeit schwiegen.

Denn das fünfte Gebot ist auch eins gegen die Resignation: Gerade weil das Leben immer bedroht ist, lohnt es sich, für seinen Schutz einzutreten. Wer hätte vor hundert Jahren gedacht, dass die Kirchen derart engagiert für die Menschenrechte, gegen den Krieg und gegen die Todesstrafe eintreten würden? Es hält auch kaum noch jemand eine Abtreibung für eine von mehreren Formen der Empfängnisverhütung, wie das vor 30 Jahren noch der Fall war. Gerade Feministinnen weisen in jüngster Zeit darauf hin, welche seelischen Folgen eine Abtreibung für eine Frau haben kann, und kritisieren, dass der wichtigste Grund für eine Abtreibung das Gefühl – oder die Gewissheit – der Frauen ist, sich auf den möglichen Vater nicht verlassen zu können. Und die Genforschung trifft auf ein berechtigtes Unbehagen in der Bevölkerung. Schütze gerade das schwache und imperfekte Leben! Dieses Gebot hat mehr Anhänger, als es in den Zeiten des absoluten Nützlichkeitsdenkens scheint. Denn es birgt auch eine große Verheißung: Du musst nicht perfekt sein, du bist in Deiner Unvollkommenheit und Schwäche ein unfassbar wertvoller Mensch, auch wenn es so aussehen sollte, als ob Du zu nichts mehr taugst.

6. GEBOT:
Du sollst nicht ehebrechen

„Leute", sagte Moses, als er vom Berg Sinai zurückkam, „ich habe eine gute und eine schlechte Nachricht für Euch. Die gute: Ich konnte ihn auf zehn herunterhandeln. Die schlechte: Das sechste Gebot ist noch dabei." Nichts taugt so sehr zum Witz wie das sechste Gebot, wie der immer hilflose Versuch der Menschen, ihre Triebe irgendwie in den Griff zu bekommen. Der Ehebruch wird sozusagen stets mitbedacht. Dass einer nicht stehlen und schon gar nicht töten soll, ist auch in einer postmodernen Gesellschaft unbestritten. Das sechste Gebot trifft Frauen und Männer heute dagegen in ihrer ganzen Ambivalenz. Biologisch ist der Mensch gewissermaßen für die Untreue geschaffen: Auch nach einer Bindung an einen Partner, auch nach einer Heirat bleiben andere Frauen oder Männer für ihn oder sie sexuell attraktiv. Und doch sehnen sich fast alle Menschen nach der großen, tiefen Liebe zu dem einen, besonderen Menschen, nach Treue und Verlässlichkeit, daran hat auch die sexuelle Revolution der 60er- und 70er-Jahre nichts geändert: „Wer zweimal mit der selben pennt, gehört schon zum Establishment" ist längst als Spruch pseudorevolutionärer Machos enttarnt. Was die Christen, gar die Kirchen als Institutionen zu Treue und Sexualität zu sagen haben, wird andererseits genauso abgelehnt, vor allem wenn es von der katholischen Kirche kommt – woran die Kirchen allerdings zu einem Teil selber schuld sind. Kurz und schlecht: Kein Gebot hat es heute so schwer wie das sechste: Du sollst nicht ehebrechen.

Ursprünglich war das sechste Gebot ein Besitz- und Eigentumsgebot. Eine verheiratete oder versprochene Frau gehörte ihrem Mann oder zukünftigen Mann, und „Du sollst nicht ehebrechen" hieß: Du sollst nicht in fremde Eigentumsverhältnisse eindringen. Ein Mann sollte nicht einem anderen Mann den Besitz streitig machen, eine Frau nicht das Versorgungsgeflecht des Familienverbandes infrage stellen. Liebe und Treue kamen im sechsten Gebot nicht unbedingt vor, und die hebräische Bibel ist voll von den wildesten Beziehungsgeschichten: Jakob will Rahel zur Frau, muss aber zunächst Lea heiraten und bekommt von beiden Kinder. Tamar verkleidet sich als Dirne und verführt ihren Schwiegervater Juda, um ein Kind zu bekommen; aus dem gleichen Grund machen Lots Töchter ihren Vater betrunken und schlafen mit ihm. „Du sollst nicht ehebrechen" war auch der religiösen Konkurrenz geschuldet: Der Glaube der Israeliten sollte sich scharf unterscheiden von den Fruchtbarkeitskulten der Nachbarstämme mit ihrem auch für die jüdischen Männer ausgesprochen attraktiven Tempeldirnenwesen.

Für die Männer also mag das Ehebruchverbot eine gewisse Langeweile beziehungsweise ordentliche Schuldgefühle mit sich gebracht haben, vielleicht sogar die Angst vor einem Gerichtsverfahren, an dessen Ende die Todesstrafe stehen konnte (die aber in der Regel nicht vollstreckt wurde). Für die Frauen war das sechste Gebot allerdings auch ein Schutz. Es sicherte ihre Versorgung, es schützte sie – mal besser, mal schlechter – vor der Willkür der Männer. Das Gebot, die Ehe nicht zu brechen, sich nicht scheiden zu lassen und unerwünschte Kinder nicht einfach abzutreiben, war später der Grund, weshalb viele Frauen Christinnen wurden: Bei den Römern waren sie Besitz des Mannes, sie konnten verkauft werden, der Mann konnte sich ohne großen Aufwand scheiden lassen. Starb der Mann, war der Druck auf die Frau groß, sich wieder zu verheiraten – Kaiser Augustus erließ sogar eine Strafsteuer für Witwen, die unverheiratet blieben. Bei den Christen aber waren Witwen und unverheiratete Frauen angesehen, sie mussten sich nicht in neue Abhängigkeiten begeben. Und sie mussten ihre Kinder nicht abtreiben, wie das in der heidnischen Gesellschaft durchaus üblich war, was oft mit dem Tod der Frau endete. Das Ehebruchverbot hatte also eine stabilisierende gesellschaftliche Wirkung: Christliche Frauen bekamen häufiger Kinder, christliche Familien waren stabiler und damit auch sozial wie ökonomisch erfolgreicher als die heidnischen. Der Preis für die Frauen war, dass in der Neuzeit das Treuegebot vor allem sie fesselte und weniger die Männer, dass Ehen zu Käfigen wurden, die bestenfalls golden waren, manchmal aber nichts weniger als die Hölle auf Erden.

Zum Glück hat sich das traditionelle Eheverständnis gewandelt. Eine Ehe ist in Europa heute keine Institution zur gegenseitigen Versorgung und zur Aufzucht der Kinder mehr. Sie ist eine Liebesbeziehung geworden, in der Beständigkeit und gegenseitige Verantwortung eine große Rolle spielen, die aber nicht mehr statisch ist, in der beide Partner Entwicklungsmöglichkeiten haben müssen. Gerade die Frauen haben dadurch gewonnen. Sie gehen häufig ihrem eigenen Beruf nach, sie sind selbständig geworden, sind nicht mehr auf Gedeih und Verderb einem unterdrückerischen oder gar gewalttätigen Mann ausgeliefert; die Gesetze schützen sie und ihre Kinder. Und auch die Männer denken heute partnerschaftlicher; auch sie wollen immer häufiger selbstbewusste Frauen, die ihr eigenes Leben leben, sie wünschen sich immer häufiger, dass Beruf und Kindererziehung partnerschaftlich aufgeteilt werden, auch wenn es in der Umsetzung noch ziemlich hapert. Noch nie haben Frauen und Männer sich so frei füreinander entschieden wie heute, noch nie haben sie sich so viele Gedanken über ihre Beziehung gemacht, noch nie haben sie so ernsthaft versucht, eingefahrene Rollenmuster aufzubrechen.

Doch Ehen und Beziehungen sind dadurch auch stärker gefährdet als früher – denn klar verteilte Rollen können auch eine Stütze sein. In den Zeiten, als es nur darauf ankam, dass der Mann genug Geld nach Hause brachte und sich nicht allzu häufig betrank, die Frau der Haushalt führte und sich um die Kinder kümmerte, spielte die Frage nach der Qualität der Ehe keine Rolle. Es wurde früh geheiratet und früh gestorben, und die Männer, die es sich leisten konnten, hielten sich Geliebte, die Großbauern zeugten mit ihren Mägden Kinder: Die Zeiten waren moralisch nicht unbedingt besser – sie waren nur anders. Die Erwartungen an die Zweierbeziehung sind seitdem gestiegen, insgesamt zum Glück. Doch immer häufiger werden die Erwartungen unrealistisch hochgeschraubt. Die Liebe muss gleichbleibend tief sein und die Erotik allezeit prickelnd, tiefste Seelenverwandtschaft muss sich entwickeln, die Kinder müssen brav und selbstbewusst und hochbegabt sein, beide Partner müssen Karriere machen, einen großen Freundeskreis bespaßen und abends trotzdem noch gemeinsam ins Kino wollen. Dass eine Paarbeziehung auch immer Arbeit ist, dass in ihr Krisen notwendig sind, dass es gute, aber auch schlechte Zeiten gibt, wird dabei oft übersehen: Krisen sind auch Wege zur Reife. So zerbrechen Beziehungen immer häufiger. Manche aus der Entfremdung heraus, weil Gewalt im Spiel ist oder seelische Unterdrückung, weil am Ende nur noch der Hass bleibt. Viele aber auch, weil die Partner nicht gelernt haben, Krisen zu überstehen, Konflikte auszutragen, den Alltag zu leben. Sie zerbrechen, weil ein Partner das Single-Leben dem Paar- oder Familienleben vorzieht, sich an niemanden binden will, sich in den Beruf stürzt und die Karriere vorantreibt. Oder weil einer der Partner einen neuen Partner findet.

Fast vierzig Prozent der Ehen, die in Deutschland geschlossen werden, werden auch wieder geschieden – wie viele Paare sich trennen, die unverheiratet, aber doch in jahrelanger fester Beziehung lebten, weiß keiner, die Zahl dürfte deutlich über der Scheidungsquote liegen; ebenso ist unbekannt, wie viele Paare innerlich getrennt und voneinander frustriert offiziell vereint sind und doch nebeneinanderher leben. In Deutschland gab es im Jahr 2007 auf knapp 390 000 Eheschließungen mehr als 200 000 Scheidungen; 1965 gab es auf fast 620 000 Hochzeiten 74 000 geschiedene Ehen. Das Ende einer Beziehung und der Ehebruch – der ja gar nicht immer zum Ende einer Beziehung führen muss – sind also Alltag geworden. Ehebruch ist so verschieden, wie Paare verschieden sind. Er kann im emotionalen Überschwang geschehen, aus dem

Gefühl heraus, sexuell nicht befriedigt zu sein, er kann einmalig bleiben oder immer wieder vorkommen. Er kann aber auch aus einer tiefen Liebe zu einem anderen Mann, einer anderen Frau heraus geschehen.

Die Situationen sind auch Klostergemeinschaften vertraut: Der häufigste Grund, weshalb ein Mönch sein Ordensgelübde bricht und aus einem Kloster austritt, ist die Liebe zu einer Frau. Wenn diese Liebe echt ist und reif, dann kann ein Abt nur sagen: „Schade, aber geh, und wir helfen dir, dass ihr euren Weg gehen könnt." Allerdings gibt es auch die unreife Liebe, die unreife Sexualität, die vor allem das Ergebnis einer Krise ist – dann geht es darum, diese Krise durchzustehen, sich zusammenzuraufen. Das ist auch immer wieder Bedingung in der Ehe: Die Partner müssen um ihre Liebe kämpfen, sich zusammenraufen, nicht bei der ersten Krise auseinanderlaufen. Dies ist ja auch eine große Chance: immer wieder um die Beziehung ringen zu können, sie immer wieder neu auszurichten, Freiräume zu erkämpfen. Es gibt keine Beziehung ohne Krisen, es ist sogar so, dass es ein Alarmzeichen ist, wenn ein Paar so ganz selbstsicher sagt: Bei uns gibt es keine Krisen. Eine gute Beziehung braucht diese Krisen, um wachsen zu können. Ein Ausweichen vor den Krisen führt zur Regression, in die zunehmende Unreife, in der ein Chefarzt in der Lebensmitte seine junge Sekretärin heiratet, mit der er glaubt, sich noch einmal jung fühlen zu können. Die alten Paare, vor denen man niederknien möchte vor Bewunderung, sind oft jene, die ihr Leben lang umeinander gerungen haben.

Trennen, zusammenbleiben – beides gilt inzwischen als Normalfall. Und tatsächlich gibt es ungute Beziehungen, die nur gelöst werden können und dann auch gelöst werden müssen. Doch dabei wird oft übersehen, welche seelischen und gesellschaftlichen Kosten Trennungen verursachen – und die Entwicklungen, die zu Trennungen führen. Für viele erwachsene Menschen sind gescheiterte Beziehungen die schlimmsten Niederlagen ihres Lebens. Partnerschaftsstress fördert Herz-Kreislauf-Erkrankungen, bei Menschen, die sich getrennt haben oder in ihrer Partnerschaft unglücklich sind, ist die Zahl der Depressionen dreimal so hoch wie bei glücklich Verheirateten. Noch höher ist der Preis, den die Kinder zahlen. Der drohende Verlust eines Elternteils, Loyalitätskonflikte, Schuld- und Schamgefühle, der Verlust der Freunde bei einem Umzug, der soziale Abstieg oder die Angst vor der Armut – alles das trägt dazu bei, dass Kinder aus Scheidungsfamilien häufiger verhaltensgestört sind als Kinder aus intakten Familien. Mittlerweile gibt es die ersten Langzeitstudien, die zeigen, dass selbst Kinder aus konfliktarmen Trennungen und mit anhaltendem Kontakt zu beiden Elternteilen ein Leben lang an der Wunde leiden, die sie erlitten haben. Sie empfinden ihr Leben häufiger als anstrengend, haben Schwierigkeiten mit Beziehungen zu Gleichaltrigen, sind misstrauisch gegenüber Bindungen und als Erwachsene in ihrer Beziehung häufiger unzufrieden als Menschen aus intakten Familien; die Scheidungswahrscheinlichkeit vererbt sich. Individuell können Scheidungskinder mit ihrem Leben gut zurechtkommen, und die meisten entwickeln sich auch wie andere Kinder – aber die persönlichen und gesellschaftlichen Kosten, die durch jene geschehen, die nicht ins Leben finden, können nicht ignoriert werden. Die materiellen Folgen jedenfalls sind eindeutig zu benennen. Im Jahr 2006 bezogen nur drei Prozent der Ehepaare mit Kindern Sozialhilfe, aber mehr als 27 Prozent der Alleinerziehenden. Die vielbeklagte Kinderarmut ist eine Scheidungsarmut.

Deshalb ist es auch richtig, dass die Kirchen immer wieder betonen, welchen Wert Ehe und Familie haben, dass in ihr immer noch vier von fünf Kindern aufwachsen. Es ist auch richtig, dass sie vom Wert der verlässlichen Paarbeziehung reden, auch wenn das altmodisch und gestrig klingt. Aber wenn man heute Jugendliche fragt, wie sie als Erwachsene leben wollen, sagen die meisten: in einer liebevollen und treuen Partnerschaft, in einer Familie mit Kindern. Und trotz aller Liberalität im Umgang mit der Sexualität: Ein Seitensprung hinterlässt beim betrogenen Partner, der Partnerin nach wie vor tiefe Wunden; er, sie hat manchmal ein ganzes Leben mit einem solchen Ereignis zu kämpfen, fühlt sich menschlich, sexuell entwertet. Aber auch viele Frauen, die sich auf verheiratete Männer einlassen, fühlen sich am Ende einer solchen Beziehung oft gedemütigt, ausgenutzt und dann weggeworfen. Das Ideal der lebenslangen treuen Paarbeziehung lebt weiter und ist heute vielleicht stärker als in den Jahrzehnten zuvor. Die Wirklichkeit mag anders geworden sein, die Brüche im Leben haben zugenommen, das Ideal der lebenslang treuen Paarbeziehung aber lebt weiter. Warum sollten die Kirchen sich von ihm verabschieden?

Wohl aber könnten sie mehr dafür tun, dass ihr Anliegen besser verstanden wird, indem sie stärker als bisher Beziehungen stützen, ihr Beratungsangebot ausbauen und sich auch stärker als bisher und ohne jeden Vorwurf um die kümmern, deren Ehen gescheitert sind. Es hilft nichts, kulturpessimistisch die hohen Scheidungs- und Trennungsraten zu beklagen, wenn die Kirchen nur als verurteilende Institutionen angesehen werden und nicht als jene, an die man sich wendet, damit die Beziehung stark und gesund bleibt, damit sie Krisen übersteht und damit Partner und Kinder auch nach einer Trennung ein menschenwürdiges Leben leben können. Es gibt inzwischen viele Beratungsangebote und Angebote für Paar- und Familienwochenenden, es gibt Erziehungskurse und Ferien für Alleinerziehende, aber alle diese Angebote sind von Kürzungen bedroht, und es fehlt oft die Integration dieser Angebote in das gesamte kirchliche Leben. Ein Traugespräch mit Diavortrag des Pfarrers reicht eben oft nicht mehr, um Brautleute beziehungsfähig und stark für die Ehe zu machen; manchem Paar würde auch ein professionell geleiteter Kurs helfen, an dessen Ende der Leiter auch sagen kann: Ihr seid noch nicht so weit, wartet noch ein Jahr. In den katholischen Kirchengemeinden in den USA gibt es jetzt eine interessante Bewegung: Die Gemeinden bieten Kurse an, bei denen die Partner offen und ungeschützt sagen können, was sie am anderen stört, was man in der Beziehung besser machen könnte, wo es hakt. Die Paare lernen, sich gegenseitig ernst zu nehmen, auch im Konflikt, sie haben einen geschützten Bereich, in dem sie Dinge sagen können, die sie sich sonst nicht zu sagen trauen. Das vermindert die Gefahr, aneinander vorbei zu leben, dass die Gemeinschaft erkaltet, auch wenn sie nach außen hin noch funktioniert.

Vor allem die katholische Kirche sollte stärker bedenken, dass Beziehungen scheitern können und täglich scheitern. Aufgabe der Kirchen ist es auch, den Geschiedenen, den getrennt Lebenden zu helfen, sie nicht zu verurteilen, ihnen Wege zurück zu den Partnern oder in ein neues Leben zu zeigen, den Kindern beizustehen. Dass die Kirche Geschiedene, die wieder heiraten, vom Kommunionempfang ausschließt, schadet ihr dabei sehr; gerade gläubige Menschen fühlen sich dadurch ausgegrenzt und verurteilt. Die südwestdeutschen Bischöfe haben vor mehr als zehn Jahren angeregt, hier im Einzelfall zu entscheiden und pastorale Überlegungen vor die grundsätzlichen zu stellen. Dies hat Papst Johannes Paul II. abgelehnt, was weniger zur Problemlösung geführt, als vielmehr gezeigt hat, dass der katholischen Kirche eine gute und aufmerksame Geschiedenenpastoral fehlt. Sie darf nicht einfach um des lieben Friedens willen sagen: Ihr habt alles Recht gemacht. Sie darf auch nicht aus einer billigen Anpassung heraus sagen: Ist doch egal, ob ihr euch trennt oder nicht, und Liebe gibt es nur auf Zeit. Aber sie soll auch die Menschen nicht einfach verurteilen, sie soll die Tragik des Scheiterns mittragen und die Menschen, die in ihren Beziehungen gescheitert sind, begleiten. Im Johannesevangelium führen die Schriftgelehrten Jesus eine Frau vor, die beim Ehebruch ertappt wurde. Nach dem Gesetz des Moses stand auf Ehebruch die Steinigung, Jesus aber sagte zu den umherstehenden Männern: „Wer ohne Sünde ist, werfe den ersten Stein." Beschämt gehen die Männer weg, und es liegt nahe, dass es mancher im Bewusstsein des eigenen Ehebruchs tat. Matthäus, Markus und Lukas überliefern diese Geschichte nicht – vielleicht passte sie ihnen zu wenig zum absoluten Treuegebot, das bis hin zur Aufforderung geht, sich lieber ein Auge auszureißen, als (selbstverständlich aus der Perspektive des Mannes) eine Frau in ihrer sexuellen Attraktivität wahrzunehmen. Aber Jesus predigt der Ehebrecherin ja gar keinen Laxismus, auch er sagt: Geh und sündige nicht mehr. Aber er verurteilt sie auch nicht. So sollten es die Christen halten.

Das sechste Gebot sagt: Es gibt sie, die tiefe Liebe, die die guten Tage feiert und die schlechten übersteht, in der die Partner aneinander wachsen, bis der Tod sie scheidet. Es ist eine Verheißung, es steht quer zur Zeit, quer zum Lebensabschnittspartnerschaftsdenken, zu den Werbefilmen, in denen immer der eine die andere und die andere den einen verführt. Wäre die Kirche hier lockerer, würde sie die Ursehnsucht nach endloser Liebe verraten. Was wäre gewonnen, wenn die Kirche sagen würde: Liebe geht auf Zeit? Was Gott verbunden hat, das trennt sich auch wieder? „Du sollst nicht ehebrechen" ist uncool. Aber das ist gerade das Wunderbare dieses Gebotes, dass es so uncool von der gelingenden Treue träumt, die aus der Liebe heraus lebt, nicht aus der Konvention oder dem Zwang, und die überhaupt nicht lustfeindlich ist, die Spaß daran hat, dass zwei Menschen ihre Sexualität und ihren Spaß aneinander immer wieder neu entdecken, wild und zunehmend reif. Für Platon sind Mann und Frau zwei Hälften einer zerschnittenen Kugel, und beide Hälften sehnen sich danach, sich wieder zur Kugel, zum Ganzen zu vereinen. Wo das gelingt, ist das Paradies zu ahnen, ist Gott da; auch deshalb ist für die katholische Kirche die Ehe ein Sakrament, eines, das Mann und Frau sich selber schenken, zu dem ein Priester nur seinen Segen geben kann, mehr nicht. Liebende Menschen verströmen den Hauch des Paradieses. Jungverliebte Paare strahlen eine positive Energie aus, unter deren Einfluss die ganze Umgebung auflebt. Mehr aber noch tun dies die alten Eheleute, die sich immer noch und immer neu lieben, mit all ihren Falten und Macken, die sich im Park lange küssen und dazu die dicken Brillen abnehmen müssen. Die ertragen, dass die eine hinkt und der andere abends immer früher müde wird, die sich streiten und doch wieder versöhnen können, die keine Höhe mehr schwindeln macht und keine Tiefe erschrickt, weil sie das alles schon gemeinsam durchlebt haben. Das sechste Gebot ist hoffnungslos romantisch: Es weiß, das Beziehungen scheitern können, wie schnell Treue gebrochen ist. Aber es träumt unverdrossen von der unendlichen Liebe zwischen zwei Menschen.

7. Gebot:
Du sollst nicht stehlen

Eigentum reizt, fasziniert, packt den Menschen. Die katholischen Nonnen und Mönche, welchem Orden sie auch angehören, geloben Armut, sie haben keinen persönlichen Besitz. Und trotzdem können sie an ihrem Kaktus auf der Fensterbank hängen, an ihrem Buch im Regal, sie nehmen Dinge in Besitz. Julius Nyerere, der langjährige Staatspräsident Tansanias, war ein grundehrlicher Mann, der sich nicht mehr genehmigte als ein Lehrergehalt, er wollte der Lehrer der Nation sein. „Ein Christ muss Sozialist sein", pflegte er zu sagen: Ein Christ soll kein Eigentum haben, alle sollen alles gemeinschaftlich besitzen, wie es in der Apostelgeschichte über die Urgemeinde heißt. Aber das war schon damals ein Ideal und nicht die Realität, und die Mönche haben in 1500-jähriger Geschichte mit einiger Mühe und immer unvollständig den Abschied vom Eigentum geschafft – mit Mühe, obwohl jeder Novize, der der Gemeinschaft beitritt, weiß, was er tut und dass er es freiwillig tut. Die meisten Bürger der sozialistischen Staaten waren ganz besonders aufs Eigentum, den Besitz, das Materielle hin orientiert, weil es so knapp war und der Staat mindestens ein Auge darauf geworfen hatte. Die Ungleichheit ist dort nicht kleiner als in den kapitalistischen Ländern, nur anders organisiert: Als offizieller Gast kann man in Nordkorea ausgesprochen prächtig übernachten, in einer Datscha, obwohl es dort offiziell gar kein Hotel in der Gegend gibt, mit Zimmern groß wie Ballsäle, und selbst auf den Toiletten könnte man noch tanzen. Etwas sein Eigen zu nennen, gar reich zu werden, ist einer der großen Antriebe der Menschheit. Entsprechend groß ist die Versuchung, sich das Eigentum anderer anzueignen, in der Zeit, in der die Zehn Gebote entstanden, genauso wie heute.

In den Beichtspiegeln wird das siebte Gebot in der Regel als individuelle Aufforderung gesehen, sich das Eigentum des anderen nicht widerrechtlich anzueignen. Und das ist ja auch der erste und einfachste Sinn dieser Regel: Achte Mein und Dein. Kleine Kinder müssen lernen, dass nicht jedes Spielzeug, das sie sehen, ihnen gehört und dass die Geldbörse der Mutter tabu für sie ist. Größere müssen durch einen Supermarkt gehen können, ohne Süßigkeiten, Heftchen oder Spiele in der Jackentasche verschwinden zu lassen (wobei es manchem Marktleiter recht geschähe, wenn an der raffiniert aufgebauten Quengelstrecke vor der Kasse entnervte Eltern ihren jammernden Kindern das Stehlen erlaubten). Wie soll später etwas im Großen funktionieren, wenn es nicht im Kleinen eingeübt ist? Erwachsene stehlen selten, sofern sie nicht kriminell geworden sind. Sie haben sich jedoch kleine Schummeleien und Tricksereien angewöhnt, von denen sie augenzwinkernd Freunden und Kollegen erzählen: Hier ein bisschen Steuern hinterzogen! Dort einen Zuschuss erschlichen! Und außerdem beim Gebrauchtwagen den Käufer übers Ohr gehauen! Nur wenige Menschen können ihr ganzes Leben hindurch ehrlich sein, also gelten die kleinen Betrügereien als Kavaliersdelikte, vor allem wenn der Staat den Schaden hat. In der Summe aber ist der Schaden durch die Alltagsgaunereien der braven Bürger groß. „Der Ehrliche ist der Dumme", hat der Fernsehjournalist Ulrich Wickert sein Buch genannt, in dem er die Trickser- und Selbstbedienungsmentalität der Deutschen aufs Korn nimmt. Wer anderer Leute Eigentum oder die Ansprüche des Staates achtet, gilt als phantasieloser Idiot – wie soll man da dem Ladendieb oder Einbrecher sagen, dass verboten ist, was er da tut?

Die individualistische Sicht auf das siebte Gebot allein aber genügt nicht. „Du sollst nicht stehlen" hieß von Anfang an auch: Du sollst den anderen nicht seiner Lebensgrundlagen berauben, Du sollst ihm nicht das nehmen, was er braucht, um auf eigenen Füßen zu stehen. „Wenn dein Bruder verarmt und sich neben dir nicht halten kann, dann sollst du ihn, auch einen Fremden oder Halbbürger, unterstützen, damit er neben dir leben kann", heißt es im dritten Buch Mose, dem Buch Levitikus. Die Israeliten kannten das sogenannte Jobeljahr, aus dem im deutschen Sprachgebrauch das Jubeljahr geworden ist. Alle sieben Jahre wurden die aufgelaufenen Schulden erlassen, die Finanzverhältnisse wieder auf Null gestellt. Das Jobeljahr war eine frühe Form des sozialen Ausgleichs, der den inneren Frieden garantierte, den Armen eine ökonomische Basis sicherte und verhinderte, dass sich der Reichtum des Landes bei nur wenigen Familien konzentrierte. Die gesamte Gesellschaft, einschließlich der Fremden und Halbbürger, sollte wirtschaftlich handlungsfähig bleiben. Die Funktion des Jobeljahres hat in der Moderne der Sozialstaat übernommen. Er soll einen Ausgleich zwischen Arm und Reich organisieren, er soll Menschen in schwierigen Lebenslagen ermöglichen, auf eigenen Beinen zu stehen, er sichert Kranke und Arbeitslose ab, unterstützt Familien, die Kinder erziehen. Wer ausreichend Geld verdient, um sich selber zu ernähren, muss je nach Einkommen Steuern zahlen, damit der Staat denen hilft, die sich nicht selber helfen können. Das Sozialstaatsprinzip, in der Bundesrepublik im Grundgesetz verankert, hat sich in den vergangenen 50 Jahren als das beste Instrument erwiesen, Wohlstand und inneren Frieden im Land zu entwickeln und zu sichern. Weder das sozialistische Ideal der Verstaatlichung des Eigentums noch das marktradikale Modell, wonach für alle gesorgt ist, wenn jeder an sich selber denkt, haben sich als vergleichbar erfolgreich bewahrheitet.

Der Sozialstaat der Bundesrepublik hat seine Wurzeln in der katholischen Soziallehre, die im 19. Jahrhundert als Reaktion auf die Not der Fabrikarbeiter entstanden ist. Sie greift das siebte Gebot in seiner doppelten Richtung auf: Sie schützt das Eigentum und betont die Eigenverantwortung des Einzelnen. Sie verteufelt nicht den Erfolg – es gibt nun einmal Menschen, die eine gute Idee mehr haben als die anderen, die kreativer, fleißiger, durchsetzungsstärker sind als der Durchschnitt; ihnen stehen auch die Früchte ihres Erfolges zu. Gleichzeitig aber sagt sie: Eigentum verpflichtet. Kapital soll nicht um seiner selbst willen angehäuft werden, es soll Arbeitsplätze mit fairen Löhnen schaffen, es soll Bildung für alle ermöglichen, den Staat handlungsfähig machen. Kapital ist also immer auf den Menschen hin ausgerichtet. Das klingt romantisch in einer Zeit, in der Kapital in Sekundenschnelle rund um die Erde verschoben wird, und tatsächlich kann ein Unternehmer, ein Börsenmakler, ein Investor immer seltener eindeutig sehen, ob das, was er tut, den Menschen dient oder schadet. Ist ein Arbeitsplatzabbau schlecht, weil er Menschen um ihren Job bringt – oder ist er gut, weil er hilft, die anderen zu sichern? Ist es sozialverantwortlich, ein Unternehmen dorthin zu verlagern, wo die Löhne niedriger sind? Ist eine Investition in den Rapsölanbau gut, weil er nachwachsenden Diesel schafft, oder ist sie schlecht, weil Ackerfläche verlorengeht, die für den Anbau von Lebensmitteln gebraucht würde? Ist es für internationale Geldgeber richtig, ein Land zur Kürzung der Sozialausgaben zu bewegen, damit der Staat sich nicht überschuldet? Es gibt viele nachdenkliche Wirtschaftslenker, der Banker Alfred Herrhausen zum Beispiel, den die Terroristen der Rote Armee Fraktion (RAF) 1989 töteten, hat sich sehr früh für ein Entschuldungsprogramm für die armen Länder eingesetzt. Oft kann einer, der am Schreibtisch seine Entscheidungen fällt, sie gar nicht in allen Konsequenzen überblicken. Aber in den vergangenen Jahren hat sich gezeigt, dass eine Unternehmenspolitik, die sich nur am Aktienkurs ausrichtet, langfristig für das Unternehmen tödlich sein kann, dass Finanzinvestoren, die nur die Rendite im Auge haben, tatsächlich zerstörerisch sein können wie ein Heuschreckenschwarm (wobei es auch Private Equity-Gesellschaften gibt, deren Geld Unternehmen gerettet hat), dass eine Politik des reinen Sozialabbaus in den Augen vieler Menschen die Legitimität des Staates untergräbt.

„Du sollst nicht stehlen" gilt auch für Manager, die sich astronomische Gehälter genehmigen und Abfindungen in obszöner Höhe aushandeln, es gilt auch für jene, die ihr Geld über Liechtensteiner Stiftungen vor der Steuer in ihrem Land in Sicherheit bringen. Natürlich geht es hier zunächst um zwei verschiedene Dinge: Gehälter und Abfindungen werden frei ausgehandelt, ein Aufsichtsrat muss zunächst einmal selber wissen, was er seinen Managern zahlen will, und die Summen, um die es in Deutschland geht, sind im internationalen Vergleich nicht außergewöhnlich. Bei der Steuerhinterziehung handelt es sich dagegen um einen Gesetzesbruch, der den Hinterzieher für einige Jahre ins Gefängnis bringen kann. Doch die Steuerhinterziehung im großen Stil zeigt wie die Höhe der Gehälter und Abfindungen, wie sehr sich eine Kaste der Reichen und Superreichen eine eigene Welt mit eigenen Gesetzen und Mentalitäten geschaffen hat. In ihr zählt die hemmungslose Vermehrung des Geldes, ob legal, halblegal oder illegal, es zählt, Grenzen zu durchbrechen, die eigenen Maßstäbe durchzusetzen, auf wessen Kosten auch immer. Selbst derjenige, der die Daten der Staatsanwaltschaft zur Verfügung stellt, ist noch Teil des Systems: Er hat die Daten gestohlen und will mit ihnen ein so gutes Geschäft machen, dass er nie wieder arbeiten muss. Auf Dauer zerstört das die Balance des siebten Gebots zwischen Eigentumsschutz und Sozialpflicht: Wer sein Geld nach Liechtenstein bringt, darf sich nicht über die Sozialbetrüger am unteren Ende der Einkommensskala aufregen. Und wenn die Schere zwischen Arm und Reich zu weit auseinandergeht, entsteht der Nährboden für radikale politische Strömungen und Parteien, für Politikverdrossenheit und Protestwahlverhalten. Dass die NPD in den sächsischen Landtag einziehen konnte, verdankt sie dem Gefühl vieler Bürger, von

„denen da oben" und „denen aus dem Westen" abgehängt worden zu sein. Und dass sich die Linke gerade als fünfte Partei in der Bundesrepublik etabliert, liegt an dem Eindruck vieler Wähler, es gehe ungerecht zu im Land.

Ein Christ muss kein Sozialist sein, wie Staatspräsident Nyerere mutmaßte. Aber ein Schuss Kapitalismuskritik gehört zum Christentum dazu: Eher geht ein Kamel durchs Nadelöhr als ein Reicher in das Himmelreich, hat Jesus gesagt, und daran haben wir in den reichen Ländern zu knabbern. Der Kölner Kardinal Joseph Frings hat ein herrliches Beispiel des Antikapitalismus im Kleinen gegeben, als er nach dem Krieg den Kohlenklau der kleinen Leute verteidigte, ihn nicht als Diebstahl bezeichnete, sondern als legitimes Mittel, sich auch gegen die Besitzer der Kohle-Züge das Lebensnotwendige zu sichern. Papst Johannes Paul II. hat nach dem Ende des Kommunismus in Osteuropa deutlich wie kaum ein anderer Weltdenker gesagt, dass damit nicht der Kapitalismus geheiligt und die letztgültige Wirtschaftsform ist. Die menschliche Arbeit ist wichtiger als das Kapital – das war der Kernsatz seiner Enzyklika *Sollicitudo Rei Socialis* vom Dezember 1987. Er hat das westliche Konsumdenken kritisiert, das zu Lasten der armen Länder geht, den unglaublichen Ressourcenverbrauch der Industriestaaten, die ungerechte Weltwirtschaftsordnung. Die Kirchen müssen wachsam sein und sagen, wo eine Politik sozial ungerecht ist, wo sie auf Kosten der Schwachen geht.

In Deutschland haben die evangelische wie die katholische Kirche in ihren jüngsten Veröffentlichungen zur Sozialpolitik dafür den Begriff der „Beteiligungsgerechtigkeit" verwendet. Er betrachtet Armut nicht einfach als

Mangel an Geld, der durch Verteilen von Geld zu beheben wäre, er setzt breiter an. Die Sozialpolitik muss es möglichst vielen Menschen ermöglichen, das eigene Leben in die Hand zu nehmen, sich am Leben der Gesellschaft zu beteiligen. Dazu gehören vor allem Bildungs- und Ausbildungsmöglichkeiten, dazu gehören Anreize für Arbeitslose, sich intensiv um eine Arbeit zu bemühen – wozu auch ein gewisser Druck gehört. Dazu gehören die Förderung der Familien und aller Menschen, die Kinder erziehen, und natürlich auch die Unterstützung derer, die sich nicht helfen können. Auch, wenn es nicht immer möglich ist: Das Ziel muss sein, Menschen aus der Abhängigkeit von dieser Hilfe zu führen. Sie muss gegen den resignativen Satz vieler Hauptschüler arbeiten: „Ich werde sowieso Hartz IV."

Was im reichen Deutschland, im reichen Westeuropa gilt, gilt noch viel mehr für das Verhältnis von armen und reichen Staaten. Eine Milliarde Menschen leben unterhalb der absoluten Armutsgrenze, sie haben also weniger als einen Dollar am Tag zum Leben zur Verfügung. Seit die Preise für Grundnahrungsmittel auf dem Weltmarkt drastisch steigen, grassiert der Hunger in Afrika; hunderte Millionen Menschen haben keinen Zugang zu sauberem Trinkwasser, Kinder sterben an harmlosen Krankheiten, weil sie unterernährt sind. Es gibt unter Christen manchmal die Tendenz, die Armut zu romantisieren, den Armen zum besseren, fröhlicheren Menschen zu machen – wer so denkt, versteht nichts von der Armut. Sie ist brutal, sie vernichtet die Menschen und macht sie selber gewalttätig, sie zerstört die Familien und überhaupt die menschlichen Beziehungen. Armut gebiert

Suchtkrankheiten, Verbrechen, Bürgerkriege, je ärmer die Länder in Afrika und Lateinamerika sind, desto mehr gedeiht die Korruption, desto brutaler gehen Polizei und Militär gegen jede Form von Opposition vor, desto obszöner verprassen die wenigen Reichen die Schätze des Landes. Umso bewundernswerter ist, wie viele Menschen in diesen Ländern mit der Armut fertigwerden und trotzdem lieben und lachen können. Doch die ungerechte Verteilung des Wohlstands auf der Welt ist der größte Skandal des beginnenden 21. Jahrhunderts.

Auch hier müsste es das Ziel der Weltgemeinschaft sein, Beteiligungsgerechtigkeit herzustellen, den armen Ländern faire Bedingungen am Weltmarkt zuzugestehen, die Zivilstrukturen in den Ländern zu stützen, Projekte zu etablieren, die den Menschen helfen, auf ihren eigenen Füßen zu stehen. Immer noch ist die Hilfe der Industriestaaten zu sehr auf eine Nothilfe ausgerichtet, die statt Unabhängigkeit neue Abhängigkeiten schafft; die sozialdemokratische Entwicklungshilfe-Expertin Brigitte Erler hat in den achtziger Jahren dafür den Begriff der „tödlichen Hilfe" geprägt. Dabei gibt es gute Beispiele, wie eine gerechte Entwicklung funktionieren könnte. Mohammed Yunus, der Friedensnobelpreisträger aus Bangladesch, hat die Grameen-Bank gegründet, die Kleinkredite nur an Frauen vergibt. Es sind Kredite, für die Zinsen fällig werden, keine Almosen. Doch die Kredite gehen an Frauen, denen sonst keine Bank Geld leihen würde, sie machen es möglich, dass diese Frauen ein kleines Gewerbe gründen und ihre Familie ernähren können. „Die Männer sind ungeeignet, mit Geld umzugehen", hat Yunus gesagt, und da hat er Recht: Mehr als 95 Prozent der Frauen zahlen ihren Kredit zurück, eine Quote, von der Banken nur träumen können, die ihr Geld traditionellerweise an Männer verleihen. Wenn das Geld an die Frauen geht, stecken die es in sinnvolle Projekte, und sie zwingen die Männer sich zu verändern: Wenn sie mit ihren erfolgreichen Frauen mithalten wollen, müssen sie weniger trinken, das Glücksspiel und die Hurerei lassen und endlich ordentlich arbeiten.

„Du sollst nicht stehlen" steht also auch gegen die Resignation, dass außer der Gewalt ohnehin nichts hilft, um Ungerechtigkeit zu beseitigen. Es ist das Gebot gegen die depressive Annahme, dass Wirtschaftsprozesse ohnehin unbeeinflussbar sind, dass die Armen arm bleiben müssen. Und gerade die Kirchen, vor allem die weltweit organisierte katholische Kirche, können der global agierenden Wirtschaft eine globale Ethik zur Kontrolle an die Seite stellen. Papst Benedikt XVI. arbeitet an einer Enzyklika, einem päpstlichen Lehrschreiben über die Globalisierung und ihre Folgen – ein solches Schreiben ist überfällig.

Das siebte Gebot schützt das Eigentum und verpflichtet das Eigentum – vor allem aber macht es frei vom Habenmüssen. Immer reicher werden zu wollen kann zu einer Sucht werden, und für den Süchtigen spielt es keine Rolle, wie er zu seinem Besitz kommt und ob er einem anderen die Lebensgrundlage raubt. Der Geldabhängige ist nicht mehr Herr seines Willens, er verliert wie ein Drogensüchtiger die Kontrolle über seine Handlungen, er braucht eine täglich höhere Dosis. Er wird im Wortsinn Hab-süchtig, und der Habsüchtige ist nicht weniger ein armer Hund als der Junkie oder Alkoholiker. Er kann nicht mehr genießen, was er hat, er arbeitet von früh bis

illegalem Betrug

spät, wird unfähig, Liebesbeziehungen und Freundschaften aufrechtzuerhalten, und sinkt der Aktienkurs, bricht für ihn die Welt zusammen. Das siebte Gebot lehrt dagegen die Anspruchslosigkeit, die Freiheit von Geld und Besitz: Ich brauche nicht so viel. Ich kann von dem leben, was ich habe, mehr benötige ich nicht – das macht einen Menschen frei. Der Anspruchslose lässt sich nicht verblenden vom Besitz. Die Verblendung ist leider eine weit verbreitete Folge der Habsucht: Der Süchtige wird blind für Not und Leid der anderen, blind für die Grenzen zwischen legalem Gewinn und illegalem Betrug. Die Verblendung geht durch alle sozialen Schichten: Ich muss dieses Auto und jenen Computer haben, in mindestens der gleichen Preislage wie das Auto und der Computer des Nachbarn; Kinder verlangen nach dem richtigen MP3-Player und der Spielkonsole in der Ausführung, die angeblich alle Klassenkameraden haben; es wird ein furchtbarer Druck aufgebaut, der die unfrei macht, die mithalten müssen, und die zerstört, die nicht mithalten können.

Wer anspruchslos sein kann, der entkommt diesem zerstörerischen Druck. Der Heilige Benedikt hat sehr schön gesagt: Der Abt soll nicht allen das Gleiche geben, sondern jedem, was er braucht. Der aber, der weniger braucht, soll nicht auf den neidisch sein, der mehr kriegt, wer mehr kriegt, soll nicht überheblich werden, beide sollen einander nicht ausspielen. Frei von Habsucht bedeutet also frei von Besitzdenken zu sein und frei vom Neid auf jene, die etwas haben, das ich nicht habe. Anselm Grün, der Buchautor und Cellerar des Klosters Münsterschwarzach, ist sicher ein Beispiel benediktinischer Bedürfnislosigkeit. Seine Bücher haben Millionenauflagen, er könnte sehr reich sein, aber er braucht für sich keine 50 Euro Bargeld im Monat. Und er ist dabei sehr glücklich, er wirkt überhaupt nicht abgehärmt oder schlecht gelaunt, er zeigt, dass es andere Reichtümer gibt als den Besitz: die Begegnung mit Menschen, das Glück, Ratschläge und Lebenshilfe weitergeben zu können, etwas zu bewegen, die kleinen Schönheiten des Alltags zu genießen. Und einmal Zeit zu haben – das ist der größte Luxus im Zeitalter der allgemeinen Zeitnot. In der Klosterschule in Sankt Ottilien gab es lange Jahre einen Schulleiter, der hatte immer nur zehn Bücher in seiner Klosterzelle. Die zehn Bücher, die er brauchte, holte er sich aus der Klosterbibliothek. Pater Bernward, so hieß er, war ein hochintelligenter Mann, sein Unterricht war besser als der mancher Kollegen, die morgens stundenlang am Kopierer standen, um Material für die nächste Stunde zu organisieren. Er verstand sich auf die Kunst der Selbstbescheidung: Die zehn entscheidenden Bücher sollen in meiner Nähe sein – alles andere ist unnötiger Luxus. Damals wirkte Pater Bernward auf manche Menschen verschroben. Aber in Wahrheit hat es selten einen freieren Menschen gegeben als ihn.

8. Gebot:
Kein falsches Zeugnis ablegen

Dürfen die das, die Politiker? Blühende Landschaften versprechen, wie Bundeskanzler Helmut Kohl das tat, als die Wirtschaft der noch existierenden DDR schon Richtung Abgrund taumelte? Mehr Geld für alle anzukündigen wie sein Nachfolger Gerhard Schröder, wo in den Ministerien schon die Agenda 2010 entworfen wurde? Erst ein für alle Mal ausschließen, mit der Linkspartei zusammenzuarbeiten, wie die hessische SPD-Spitzenkandidatin Andrea Ypsilanti – und dann doch das Bündnis mit ihnen suchen? So ist halt Politik, heißt darauf oft die achselzuckende Antwort. Ein Politiker, der vorher nicht in den schönsten Farben ausmalt, wie die Welt nach seiner Wahl sein wird, wird nicht einmal Gemeinderat. Wer nicht das Eigene gut- und das Andere schlechtreden kann, dem bleiben die harten Stühle der Opposition. Ein Journalist, der seiner Geschichte nicht den richtigen Dreh gibt, landet nie eine Sensation. Ein Angestellter, der sich nicht auf Kosten anderer profiliert, bleibt in seiner Gehaltsstufe, ein Schüler, der sich nicht rausreden kann, ist einfach arm dran.

Der Göttinger Politikwissenschaftler Franz Walter hat – im Streit um die Annäherung der SPD an die Linkspartei – das „Lob der Lüge" geschrieben: Die Politik sei nicht mehr handlungsfähig, wenn sie nicht mit doppeltem

Boden arbeitet, wenn sie nicht einkalkuliert, dass sie hinterher anderes vertreten muss, als sie vorher gesagt hat. Er hat damit allen aus dem Herzen gesprochen, die die SPD-Abgeordnete Dagmar Metzger aus Darmstadt unmöglich fanden, weil sie mit ihrem Nein verhinderte, dass Andrea Ypsilanti mit den Stimmen der Linken Ministerpräsidentin wurde. Was Franz Walter, ein ausgesprochen integrer Wissenschaftler sagt, trifft den Kern des achten Gebots: Wie viel Wahrheit verträgt und wie viel Lüge braucht die Welt? Und haben wir uns so sehr an die falschen Zeugnisse in allen Bereichen des Lebens gewöhnt, dass wir ohne sie nicht mehr leben können? Interessanterweise hat Matthias Mattussek, Autor des Magazins „Der Spiegel", gegen Franz Walter die Auffassung vertreten, dass in der Politik wie auch im richtigen Leben Lügen nach wie vor kurze Beine haben, und ein flammendes Plädoyer für die Wahrhaftigkeit gehalten – ganz ohne Verteidiger ist die Wahrheitsliebe also nicht.

Für den Heiligen Augustinus war die Sache klar: Bewusst die Unwahrheit zu sagen, zu lügen also, ist von Grund auf verwerflich. Mit der Lüge werde der natürliche Sprachzweck verraten, nämlich Gedanken und Wahrheiten mitzuteilen; die Lüge zerstöre das Vertrauen in die Wahrheit menschlicher Rede. Allerdings gab es auch für Augustinus große und kleine Lügen, und insgesamt ist er nicht konsequent, weil er doch einige Lügen für zulässig hält. Denn die Lüge gehört tatsächlich zum Leben, und sie ist nicht immer schlecht, im Gegenteil. Es gibt die Lüge des Sprachspiels, des Witzes, der Ironie, die Lüge der fröhlich doppelbödigen Kommunikation: Wolfgang Hildesheimers von vorn bis hinten erfundene Biografie des Marbot, eines Dandys aus dem frühen 19. Jahrhundert, ist eine wunderbare literarische Lüge. Es gibt die gnädige Lüge aus Höflichkeit („Ich habe abgenommen." – „Das sieht man.") und die Lüge, die eine Beziehung, die das soziale Gefüge festigt („Du bist der/die Beste, mein Schatz!"); es gibt die verschworene Wahrheitsverweigerung der Freundesgruppe und die gnädigen Formulierungen des Nachrufs. Was hilft es, am offenen Grab die nackte Wahrheit über den Verstorbenen zu sagen: dass er ein eigenbrötlerischer Versager war, der zu viel trank und Frau und Kinder verachtete? Die nackte Wahrheit ist nie die ganze Wahrheit; die ganze Wahrheit ist, dass auch ein eigenbrötlerischer Versager ein von Gott geliebter Mensch war, der Anspruch auf Respekt und Achtung seiner Würde hat.

Unwahrheiten gibt es überall, wo es Kommunikation gibt, einfach deshalb, weil es keinen Menschen gibt, der tagein, tagaus die nackte Wahrheit erträgt. Es gibt darüber hinaus notwendige Lügen, die Schutzräume öffnen oder sogar Leben retten können. Es gibt die Notlüge des geängstigten Kindes gegenüber seinem schlagenden Vater. Es gibt die notwendige Lüge des Partners, der einen Seitensprung verheimlicht, um seine Ehe mit der Frau, dem Mann, den er oder sie im Grunde des Herzens liebt, nicht zu gefährden. Es gibt schließlich sogar die moralisch gebotene Lüge: Der Gestapo-Mann, der nach einem versteckten Juden fragt, hat keinen Anspruch auf die Wahrheit.

Nicht lügen heißt also, dem die Wahrheit zu sagen, der Anspruch auf diese Wahrheit hat – so hat es Immanuel Kant gesagt. Der Wähler hat keinen Anspruch darauf, dass ein Parteiprogramm, ein Wahlversprechen zu hundert Prozent umgesetzt wird; Politik bedeutet, Kompromisse einzugehen, sie ist die Kunst des Machbaren. Ein Bürger hat aber wohl Anspruch darauf, dass ein Politiker nicht systematisch, geplant und bewusst die Unwahrheit sagt oder die Wahrheit verschweigt, um daraus einen Vorteil zu ziehen. Die systematische Lüge zerstört die Kommunikation zwischen Politiker und Wähler und damit auch das Vertrauen in die Politik, und irgendwann glaubt man auch den Wahrheitssuchern nicht mehr. Die systematische Lüge ist das Instrument des Krieges; im Kosovo-Krieg begründete die Nato ihren Einsatz mit einem Vernichtungsplan der Serben, der nicht existierte, den Irak-Krieg begründeten die USA mit der angeblichen Produktion von Massenvernichtungswaffen im Irak, die es nie gab. Doch auch in Friedenszeiten ist die systematische Lüge ein Mittel des Krieges.

In den Beziehungen zwischen Menschen ist das nicht anders. Ein Partner hat keinen Anspruch darauf, alles aus dem Leben des anderen zu wissen, jede Ehe, jede Liebe braucht ihre Geheimnisse, und es ist nur gut, dass kein Abt so genau weiß, was in seinem Kloster alles vorgeht. Die systematische und fortgesetzte Lüge aber ist der Tod jeder Beziehung. Die Lüge beginnt ein Eigenleben, sie wird unersättlich und erfordert immer neue Unwahrheiten, vorgebracht im Brustton der Überzeugung, denn nur die überzeugende Lüge, die klingt wie die Wahrheit, kann erfolgreich sein. Sie wird totalitär und erhebt Anspruch auf das ganze Leben, sie zerstört den Lügner, der seinem Geflecht nicht mehr entkommt, und sie zerstört den Belogenen, der merkt, dass irgendetwas nicht stimmen kann, ohne sagen zu können, was das ist. Wer lügt, verändert sich, hat einen schnelleren Puls oder muss die Augen niederschlagen, verschränkt die Arme vor der Brust, schaut ziellos durch die Gegend. Wer die Lüge zum Teil des Lebens macht und sie am Ende über sein Leben herrschen lässt, verändert seine Persönlichkeit. Er wird zum Getriebenen oder zum Zyniker.

Die Kommunikation in den Industriegesellschaften hat sich innerhalb von einer Generation dramatisch gewandelt: Es gibt eine unüberschaubare Zahl von Medien, es gibt die weltweite Verbindung über das Internet, Handy und E-mail, man kann jederzeit und von überall mit jedem in Kontakt treten, Lebensstile und Einstellungen werden zunehmend von den Medien geprägt. Das Gebot „Du sollst kein falsches Zeugnis abgeben wider Deinen Nächsten" ist ein Gebot für die Medien- und Kommunikationsgesellschaft, und es bedeutet mehr als die Aufforderung, nicht zu lügen. Es fordert alle zur Wahrhaftigkeit auf, die in dieser Medien- und Kommunikationsgesellschaft Informationen, Meinungen und Menschenbilder formulieren sowie verbreiten. Und es fordert alle zum Misstrauen auf, die diese Bilder, Informationen, Meinungen wahrnehmen. Die Menschen können gar nicht alle so schön, smart, gut gelaunt, sexy und erfolgreich sein, wie sie im Unterhaltungsfernsehen zu bewundern sind. Sie müssen das auch gar nicht sein, sie müssen sich auch nicht dem Stress aussetzen, diesem Bild in irgendeiner Form gerecht zu werden.

Ein falsches Zeugnis abzugeben, kann in der Mediengesellschaft auch bedeuten, ohne nachzudenken das nachzuplappern, was alle meinen. Es kann bedeuten, das angeblich Selbstredende, Selbstverständliche für die Wahrheit zu nehmen: dass dieser Mensch unmöglich ist oder ein Sozialbetrüger, dass Soldaten Mörder sind und der Staat sowieso alle belügt. Ein falsches Zeugnis kann andersherum heißen, unbequeme Wahrheiten zu verschweigen, weil sie angeblich politisch nicht korrekt sind: dass es tatsächlich Sozialbetrüger gibt und Menschen, die sich aus wenig schönen Motiven den Aufenthalt in Deutschland sichern, dass es kein Zeichen mangelnder Toleranz ist, wenn einen die demonstrative Sexualisierung des Christopher Street Day abstößt, sondern dahinter die berechtigt kritische Frage an die Homosexuellen-Szene steht: Was macht ihr mit jenen, die dick und alt und hässlich sind und die sich nicht so gerne halbnackt zeigen? Die Wahrheit stört; „wahr ist, was nicht in die Welt passt", hat Theodor Adorno gesagt. Wer wahrhaftig sein will, muss sich auf die Suche nach dem machen, was nicht in die Welt passt, muss seine eigenen Informationen, Meinungen und Vorurteile regelmäßig infrage stellen, er muss bereit sein, seinen Gegenüber und Mitmenschen zu verstören, ihm als verschroben zu gelten und ungeschmeidig, von ihm in Schubladen gesteckt zu werden: Aha, ein Konservativer/Rechter/Linker/Alternativer. Das achte Gebot ist aus sich heraus antiideologisch.

Kein falsches Zeugnis geben heißt also: auf den Einzelfall sehen in allen Facetten und Widersprüchen. Und auf den einzelnen Menschen zu sehen mit allen Stärken und Grenzen. Es bedeutet: mit einer Grundsympathie auf ihn zu schauen, achtsam mit ihm zu kommunizieren und achtsam über ihn zu reden. Auch die Wahrheit kann vernichten, wenn sie als Keule verwendet wird, um den anderen zu erschlagen, wenn sie dazu dient, sich selbst groß zu machen und den anderen klein. Wer die Wahrheit als Herrschaftsinstrument missbraucht, wertet jede Aussage, jede Tatsache, presst sie in das Schema, das er vorgibt. So funktioniert der Lügendetektor der Scientologen: Alles, was das Opfer am sogenannten E-meter erzählt, ordnet der Auditor ein, um dem anderen zu zeigen, wie defizitär er noch ist und dass er sich bedingungslos dem System Scientology unterordnen soll. Ein Gewissen, eine eigene Wahrheitssuche, darf nicht mehr stattfinden. Wahrheiten zu sagen, darf nicht zum Machtmissbrauch führen.

Aber es muss auch den Mut zur notwendigen Wahrheit geben, selbst wenn sie wehtut. Es ist mühsam, dem anderen zu sagen, dass er etwas falsch gemacht hat, dass es verschiedene Auffassungen und Trennendes gibt, und es ist einfacher, das Trennende zu verschweigen. Aber dies dauerhaft und in gravierenden Dingen zu tun, wirkt so zerstörerisch wie die andauernde Lüge. Die Kunst besteht darin, über Trennendes und über Konflikte zu reden, ohne den anderen zu zerstören. Ein Novize, der nicht in die Klostergemeinschaft aufgenommen werden kann, ist deswegen kein schlechter Mensch, er ist nur nicht für dieses Leben gemacht. Und der Mitarbeiter eines Unternehmens, der etwas falsch gemacht hat, ist deshalb kein Versager. Du sollst den anderen für wertvoll halten, so wertvoll, dass Du überlegst, wann Du ihm die Wahrheit zumutest und was Du ihm zumuten musst. Du sollst den anderen so wertvoll halten, dass Du nicht schlecht über ihn redest, auch wenn es reizt: Nichts ist schöner, als im Freundes- oder Kollegenkreis über abwesende Dritte zu lästern. Und Du sollst den anderen für so wertvoll halten, dass Du ihn in der Kritik Mensch sein lässt.

Und gib kein falsches Zeugnis von Dir selbst! Die Medien- und Kommunikationsgesellschaft ist eine Selbstdarstellergesellschaft, deren Mitglieder nicht mehr authentisch sein dürfen; sie entfremden sich zunehmend von sich selbst. Diese Selbstdarstellergesellschaft plagt der kollektive Minderwertigkeitskomplex: Ich darf nicht sein, was ich eigentlich bin. Ich muss mich in einer bestimmten Weise kleiden und in bestimmten Vierteln wohnen, ich muss mir bestimmte Meinungen zulegen und andere aus dem Kopf schlagen, ich muss den vorgegebenen Stil leben und Stilbrüche vermeiden. In der Konsequenz heißt das: Mein Ich ist nicht so viel wert, dass ich sein kann, wie ich will, dass ich mich gebe, wie ich bin. Ich muss mehr scheinen, ich muss mithalten, auch wenn ich Angst davor habe, nicht mithalten zu können. Und die Menschen um mich herum sind mir nicht so viel wert, dass ich mich geben kann, wie ich bin. Ich zeige ihnen meine Maske, nicht mein Gesicht. Sich von morgens bis abends selbst stilisieren zu müssen, ist anstrengend, macht unzufrieden und unglücklich. Wahrhaftig mit sich selbst und vor sich selbst zu sein, dient der seelischen Gesundheit.

Zur Maskerade des Ichs gehört auch die fortgesetzte Heuchelei, der Versuch, dem Nächsten etwas anderes vorzugeben, als man wirklich ist. Die Heuchelei kann zur zweiten Natur eines Menschen werden. Nichts hat Jesus so geärgert wie die Heuchelei, die entkernte, sich in der Fassade erschöpfende Frömmigkeit. „Ihr Heuchler" – das ist immer wieder sein schärfstes Schimpfwort. „Wenn Du Almosen gibst, lass es nicht vor dir herposaunen", heißt es im Matthäus-Evangelium, und: „Wenn ihr betet, sollt ihr es nicht wie die Heuchler machen. Sie stehen gern in den Synagogen und an den Straßenecken, um von den Leuten gesehen zu werden." Jesus fordert seine Anhänger auf, so zu geben, dass die rechte Hand nicht weiß, was die linke tut, im Verborgenen zu beten und beim Fasten ein fröhliches Gesicht zu machen, und wer auf die Außenwirkung seiner Taten achtet, verwirkt seinen Lohn im Himmel. Der im System der Heuchelei gefangene Mensch glaubt irgendwann wirklich, dass fromm sein bedeutet, möglichst fromm auszusehen und in der Kirche mit andächtiger Miene möglichst weit vorne zu stehen. Er denkt tatsächlich, dass er mit fassadenhafter Freundlichkeit echte Freundschaften gewinnt, ohne um den Kern der Freundschaft ringen zu müssen. Wahrhaftig vor anderen zu sein, die Fassaden bröckeln zu lassen, kann schmerzhaft sein, Ansehen kosten, den Ausschluss aus den In-Groups bedeuten. Aber es befreit vom Mehltau der Heuchelei, es durchbricht den Druck, der Familie, den Freunden, dem Partner keine Schande machen zu dürfen. Es kann sehr befreiend sein, um der Wahrhaftigkeit willen seinen Ruf zu ruinieren. Und es ermöglicht eine tiefere Beziehung zu Gott und den Menschen, in der die Frage, was wohl die Leute dazu sagen werden, keine Rolle spielt.

Du sollst kein falsches Zeugnis abgeben: Das ist ein Gebot zur Freiheit. Es fordert auf, die Klischees zu durchbrechen, aus dem Rahmen zu fallen, Rollen zu verweigern, Schubladen zu leeren und Masken abzusetzen. Es fordert zum Widerstand gegen den kollektiven Druck auf, die Dinge so zu sehen, wie es vorgegeben ist, sich so zu verhalten, wie es alle erwarten. Unterwirf dich nicht den falschen Zeugnissen, gib kein falsches Zeugnis! Du kannst in Liebe und aus Liebe heraus wahrhaftig sein. Du brauchst kein Leben in der Lügenstruktur. Du brauchst keine Fassade. Und Du kannst gerade damit Erfolg haben und glücklich werden: weil Du echt bist.

9. und 10. Gebot:
Du sollst nicht begehren Deines Nächsten Frau. Du sollst nicht begehren Deines Nächsten Hab und Gut

Die letzten beiden der zehn Gebote klingen heute merkwürdig. Ist nicht im sechsten und siebenten Gebot alles gesagt, was es über die Frau (und den Mann) sowie das Hab und Gut des Nächsten zu sagen gibt? Ganz so abwegig ist es nicht. Denn nicht nur in Macho-Kulturen gilt es heute noch als besondere Ehre, einem Anderen die Frau auszuspannen. Aber man kann das neunte und zehnte Gebot AUCH als die Verschärfung des sechsten und siebten Gebotes sehen: Nicht erst der Ehebruch und der Diebstahl sind Sünden, sündig ist schon der Gedanke an die Tat; eine Sichtweise, die sich auch im Matthäusevangelium findet: „Ihr habt gehört, dass gesagt wurde: Du sollst nicht ehebrechen. Dagegen sage ich euch: Wer eine Ehefrau begehrlich ansieht, hat in seinem Herzen schon Ehebruch begangen." Jesus radikalisiert in diesem fünften Kapitel alle Gebote der hebräischen Bibel: „Ihr habt gehört: Du sollst deinen Nächsten lieben und deinen Feind hassen. Ich aber sage Euch: Liebet eure Feinde und betet für eure Verfolger." Ähnlich steigern die letzten beiden Gebote die Forderung der vorigen Anleitungen: Es geht nicht mehr um die nachweisbare Tat, es geht auch um den inneren Vorgang, um die Haltung, um das Spiel mit dem Feuer. Das neunte und zehnte Gebot sind ein Zeichen dafür, dass die sozialen Gebote schon zur Zeit des Volkes Israel nicht nur Besitzverhältnisse und rechtliche Vorgänge regelten, sondern dass es auch um die Prüfung der Gedanken und des Gewissens ging. Und dass den Autoren der zehn Gebote über die Generationen hinweg klar war: Gebote müssen eingeübt werden, sie können nur aus einer inneren Einstellung heraus befolgt werden, und wer seine Begierde auf den Besitz des anderen richtet, wird auch irgendwann die Tat folgen lassen.

Die Begierdeverbote haben heute an Brisanz gewonnen, die über die Formel „… strafbar ist schon der Gedanke" hinausgeht. Eine marktwirtschaftlich orientierte Wirtschaft, eine an der Leistung orientierte Gesellschaft ohne Begierde ist nicht denkbar. Schon der Wirtschaftstheoretiker Adam Smith erkannte, dass die Begierde, der Wunsch nach mehr Besitz, Anerkennung, sozialer Stellung, eine der wichtigsten Antriebskräfte des Menschen ist: „Metzger, Bauern und Bäcker handeln nicht zum Segen der Menschen, um sie zu ernähren, sondern aus eigenem wirtschaftlichen Interesse", schrieb er in seinem Hauptwerk. Der Trieb nach mehr bringt die Menschheit weiter. Selbst im angeblich selbstlosen Handeln ist die Begierde enthalten, auch der Selbstlose möchte Anerkennung, Zuneigung und Ehre ernten.

Wer nichts begehrt, kann nicht kreativ, erfinderisch, fleißig und durchsetzungsfähig sein. Verliebte vollbringen unglaubliche Leistungen (und die merkwürdigsten Verrenkungen), um ans Ziel ihrer Träume zu kommen, um die ersehnte Frau, den begehrten Mann so zu besitzen, dass er für andere unerreichbar wird. Wenn ein Mann seiner Frau, eine Frau ihrem Mann die Liebe nur mit Worten beschwört, aber keine Zeichen setzt, wird sie, wird er den Worten kaum glauben. Ein Unternehmer verwendet all seine Originalität und Überzeugungskraft darauf, der Konkurrenz Kunden wegzunehmen oder die eigenen Kunden vor dem Zugriff der Konkurrenz zu sichern. Das Begehren hat also immer eine aggressive Seite. Ohne den Wettkampf, ohne den Wunsch, Erster zu sein, die beste Leistung anzubieten, berühmt und reich zu werden, gäbe es keinen technischen, medizinischen, wissenschaftlichen, ökonomischen und gesellschaftlichen Fortschritt.

Das Gebot des Kapitalismus, auch des sozial gebändigten Kapitalismus lautet: Du musst begehren deines Nächsten Hab und Gut, er begehrt ja auch deins. Denn auch die anderen Leute wollen alle nur dein Bestes: dein Geld. Die Väter der ökonomischen Theorie haben insofern Recht behalten, als dass die Staats- und Wirtschaftssysteme, die dem Menschen die Freiheit zum Wettbewerb, zur Konkurrenz und zum persönlichen Gewinnstreben garantieren, die erfolgreichsten Wirtschaftssysteme der Geschichte sind. Das kommunistische Wirtschaftsmodell, das das persönliche Begehren durch die Gemeinschaftsorientierung ersetzen wollte, ist grandios gescheitert. Die Begierde ist eine zutiefst menschliche Eigenschaft, sie ist ihm von seiner biologischen Natur her mitgegeben. Sie brachte den Steinzeitmenschen dazu, einige Gefahren auf sich zu nehmen, um eine begehrte Frucht zu pflücken oder ein Tier zu jagen, das treten und beißen konnte. Und sie bringt heute Börsenspekulanten dazu, innerhalb von Minuten Millionen zu gewinnen oder Millionen zu verlieren. Sie ist durch keine Ideologie, auch durch keine Religion der Welt abzuschaffen. Doch im Begehren steckt auch die Gefahr der maßlosen Gier, die anderen die Lebensgrundlage raubt, die nimmt, was sie bekommen kann – von anderen Menschen oder von der Natur. Die Gier macht hemmungslos, sie tendiert zur Gewalttat, sie schreckt vor dem Mord nicht zurück; im Christentum gilt sie als eine der Wurzelsünden, aus denen heraus die Todsünden begangen werden. Und je mehr ein Rechts- und Wirtschaftssystem auf das Recht des Stärkeren setzt, desto häufiger ist der Gierige erfolgreich: Er kann dem Schwachen nehmen, was er begehrt, und je weniger er fürchten muss, dass ein Stärkerer kommt, desto besser geht es ihm. Eine besondere List der Gier scheint es zu sein, dass sie die Menschen blind macht. Sie merken dann gar nicht mehr, dass sie von der Gier beherrscht werden. Sie empfinden es keineswegs für einen Skandal, sie selber exorbitante Gehaltserhöhungen zuzugestehen, obwohl sie schon mehr als genug zu Leben haben – und anderen, die am Existenzminimum leben, bestenfalls eine geringe Steigerung zu gewähren. Sie halten sich selber für unersetzlich wertvoll. Jesus mahnt die Nimmersatten: Du Tor, noch diese Nacht wird dir dein Leben genommen! Ein anderes Mal erinnert er an die Vögel, die weder säen noch ernten und doch sorglos leben – und daran, dass alle Sorge dem Leben nicht eine Spanne hinzufügen kann.

Das neunte und das zehnte Gebot richten sich gegen dieses Recht des Stärkeren: Begehre nicht, was einem anderen oder zu einem anderen gehört, auch wenn Du es Dir nehmen könntest; werde nicht maßlos in Deinem Konkurrenzdenken, brich nicht in intakte Beziehungen ein! Die letzten beiden Gebote des Dekalogs begrenzen das Willkürliche des Begehrens und trennen den legitimen Ehrgeiz und den berechtigten Wunsch nach größerem Wohlstand von der maßlosen Gier. Sie sind Gebote gegen die Willkür, man könnte auch sagen: Sie sind Rechtsstaatsgebote. Schon der griechische Philosoph Aristoteles sagte: „Die Habsucht der Reichen vernichtet die Staatsverfassung." Tatsächlich mündet die unbegrenzte Gier im Faustrecht, wenn es keine Kontroll- und Begrenzungsinstanz gibt, sie wird zur zerstörerischen Kraft, die das Recht missachtet, das den Schwachen schützt. Letztlich wird diese Gier selbstzerstörerisch wie die des Perserkönigs Midas, der sich von Dionysos, dem Meeresgott, wünschte, dass alles zu Gold werde, was er berühre – der König wäre fast verhungert, als ihm Dionysos den Wunsch erfüllte. Es braucht also Gesetze und eine Staatsmacht, die dem Begehren des Bürgers nach dem Gut des anderen Grenzen setzen. Nötig ist aber auch die Erkenntnis, dass die Gier nach immer mehr Besitz und Machtausübung den Gierigen abhängig und zum unglücklichen Menschen macht: Er kann nie zufrieden sein mit dem, was er hat, das Gefühl der Dankbarkeit ist ihm fremd. Fremd ist ihm auch sein eigenes Leben: „Haben oder Sein" hat der Philosoph Erich Fromm die Alternative beschrieben – der Gierige hat sich für die Sucht nach dem Haben und nicht für die Sehnsucht nach dem Sein entschieden.

Manchmal sind wir geneigt, zu meinen, trotz all dieser Auswüchse sei unsere Gesellschaft heute doch so zivilisiert, dass solche Gebote sich erübrigen. Der Rechtsstaat habe seine Mechanismen, um die schlimmsten Übergriffe auf das Gut anderer zu verhindern. Im Gegenteil, wir müssen alles daran setzen, den rechtlichen Rahmen von innen her zu füllen. Moralische Normen müssen wieder im Herzen der Menschen verankert werden, sonst brauchen wir auf die Dauer einen Polizeistaat. In den letzten Jahrzehnten hat die Kriminalität allenthalben und in allen Ländern zugenommen. Raubüberfälle sind heute an der Tagesordnung. Bei hellichtem Tag kann sich ein gepanzertes Fahrzeug durch die Via Condotti in Rom durch die vielen Fußgänger drängen und mit voller Gewalt die Fenster eines Schmuckgeschäfts rammen, um die Juwelen zu rauben. Touristen können nicht genug auf ihre Handtaschen achten. In vielen Ländern werden Umfriedungsmauern erhöht und mit Glasscherben versehen, werden die Fenster vergittert, nicht nur im Parterre, sondern auch in den oberen Stockwerken, um Einbrechern den Weg zu versperren. Wer in den Urlaub fährt, tut das nicht selten mit der Sorge, seine Wohnung könnte in seiner Abwesenheit leer geräumt sein. Selbst Ordensgemeinschaften, die sich um die Armen in der sogenannten Dritten Welt kümmern, müssen heute zu solchen Sicherheitsmaßnahmen greifen. Bei Dunkelheit trauen sich Menschen nicht mehr, durch einen Park zu gehen. In Südafrika können sie jederzeit unterwegs aufgehalten werden, nicht nur das Auto kann ihnen weggenommen werden, viele sind auf freiem Feld erschossen worden.

Es sollen hier keine falschen Ängste geweckt werden, doch die allgemeine Kriminalität hat in erschreckendem Maße zugenommen. Man hat der katholischen Kirche oft vorgeworfen, sie habe den Menschen immer mit dem strafenden Gott und der Hölle gedroht. Aber viele scheinen weder Tod noch Teufel zu fürchten. In einem katholischen Land wie Italien war es immer schon verwunderlich, wie die Mafia ihr Unwesen treiben konnte. Die Höllenpredigten bleiben jedenfalls ohne Erfolg, falls es dort solche jemals gab. Manchmal wünscht man sich, die Kirche hätte dieses Unwesen deutlicher öffentlich angeklagt. Da, wo es geschah, wurden die Prediger allerdings sofort mit dem Leben bedroht.

Eine Art moralischer Aufrüstung täte allenthalben Not. Die Zehn Gebote Gottes sind schlichte, durchaus auch heute noch verständliche und aktuelle Anweisungen. Sanktionen allein werden nicht ausreichen, denn dann gilt wirklich das 11. Gebot: Lass Dich nicht erwischen.

Der Dekalog: Gebote zur Freiheit

Und die Selbstverwirklichung? Gibt es nicht auch das Recht des Einzelnen, sein Leben gegen die Macht des Kollektivs und seiner Vorschriften zu leben? Die zehn Gebote sind, so die von Sigmund Freuds Psychoanalyse inspirierte Kritik, das mächtige Über-Ich, das die Triebkräfte des Menschen kanalisiert und im Grunde als sündig bewertet: die Sexualität, das Autonomiestreben, den unstillbaren Wunsch nach Macht, Reichtum, Einfluss. „Du sollst nicht …", beginnen die Gebote, sie sind der Form nach Verneinungen, keine Ermutigungen. Die Gebote begrenzen die Menschen, sie machen ihn unfrei, stellen ihn unter die Herrschaft der Angst und des Schuldgefühls. Der Psychologe Tilmann Moser hat in seinem Buch „Gottesvergiftung" das krankmachende dieser einengenden Gottesvorstellung beschrieben: Ein Gott, der alles sieht, der damit das Leben des Menschen permanent verdächtigt, vergiftet ihn, nicht schnell und schmerzlos, sondern jeden Tag ein bisschen mehr, jeden Tag mit einer Messerspitze religiösen Arsens. Ein langsamer seelischer Tod. Und die zehn Gebote sind die Mauern des Gefängnisses, in denen der Vergiftete lebt. „Wenn ich Du wäre, lieber Gott – und wenn Du ich wärst, lieber Gott: Würdest Du die Gebote befolgen, bloß wegen mir?", singt Campino, der Sänger der Punk-Band „Die Toten Hosen".

Der Konflikt ist ja gar nicht zu leugnen: Die Zehn Gebote begrenzen die Freiheit des Einzelnen, sie kanalisieren seine Triebe, die zum Menschsein dazugehören, sie ordnen ihn ein in die Gemeinschaft: Er kann nicht mehr tun und lassen, was er will. Und lange genug sind die Zehn Gebote so ausgelegt worden, dass sie das Leben begrenzten, dass sie unfrei machten: Du sollst nicht aufmucken, du sollst dich einordnen und unterordnen! Die Zehn Gebote entstanden auch aus dem Misstrauen gegenüber dem Menschen mit seiner Schwäche und seinen Abgründen. Sie entstanden aus der Erfahrung, dass das Volk Israel immer wieder über die Stränge schlug. Sie waren eine Richtschnur und eine ständige Warnung: Ihr könnt nur erhalten bleiben, wenn ihr Euch daran haltet. Wenn von Euch jeder macht, was er will, wenn Ihr Euch der Bequemlichkeit hingebt und die Gemeinschaft vergesst, landet Ihr in der babylonischen Gefangenschaft. Das kann man schon als Drohung verstehen und als Drohung verkünden.

Doch wo ziehen die Zehn Gebote tatsächlich Grenzen? Sie ziehen sie dort, wo es ums Lebensrecht des Schwachen gegen den Starken geht. Sie ziehen sie dort, wo der Einzelne, wo eine Gemeinschaft in Gefahr gerät, sich selbst zu zerstören; dort, wo es um die Grundlagen des Menschseins geht, um die Achtung vor dem anderen und dem Raum, den er zum Leben braucht. Die zehn Gebote schützen den Schwachen und begrenzen den Starken, sie gelten für den Einheimischen wie für den Fremden, für die Alten und die Jungen, die Reichen und die Armen – und heute auch für Frauen wie für Männer. Den gleichen Schutz garantiert das deutsche Grundgesetz mit seinen Grundrechtsartikeln und der Rechtsprechung des Bundesverfassungsgerichts: Es schützt die Minderheit vor der Mehrheit, wenn es um die Religionsfreiheit geht, es schützt den Einzelnen vor dem Anspruch des Staates, wenn es um die informationelle Selbstbestimmung geht, es schützt und stärkt die Familien und die Kinder, wenn es um die Beiträge zu Renten- und Pflegeversicherung geht oder um die Pflicht der Eltern, sich um ihre Kinder zu kümmern. Das nervt die Mehrheit, das nervt die Starken, das macht ihr Leben anstrengender und weniger frei, und immer kann man über die eine oder andere Entscheidung diskutieren. Aber insgesamt verhindert diese Form der Staatsverfassung und ihrer Auslegung, dass ein Staatswesen zur Ellenbogen- und Wolfsgesellschaft wird, in der letztlich das Recht des Stärkeren gilt. Denn das zerstört langfristig die Zivilgesellschaft und die Grundlagen, auf denen ein Staat aufbaut. Die Zehn Gebote sind eine frühe Form dieser Staatsverfassung, die die Freiheit des Einzelnen, der Minderheit und des Schwachen gegen die Zumutung des Stärkeren oder des Kollektivs schützt. Sie waren das Grundgesetz des Volkes Israel.

Die Gebote gehen jedoch über den Schutz hinaus, den das staatliche Grundgesetz bietet, sie sind mehr als ein Gesetzestext. Das zeigen die drei ersten Gebote, die Gottesgebote: Sie erzählen die Liebesgeschichte Gottes mit den Menschen, sie stellen die sozialen Gebote unter das große Liebesgebot. Jesus von Nazareth hat deshalb den Dekalog in zwei Sätzen zusammengefasst: Du sollst den Herrn, deinen Gott, lieben mit ganzem Herzen und ganzer Seele, mit all deiner Kraft und all deinen Gedanken, und: Deinen Nächsten sollst du lieben wie dich selbst."

(Lukas, 10, 27–28). Das Liebesgebot sagt: Es gibt Grenzen um der Liebe willen, nicht um Herrschaft zu sichern, nicht um den Menschen zu bedrängen und zu bedrücken, sondern um ihm ein gutes und glückliches Leben möglich zu machen. Dass die Regel und die Liebe immer zusammengehören, dass eine lieblose Regel zum Gefängnis wird, eine regellose Liebe aber auch zum Scheitern verurteilt ist, das wird oft übersehen. Auch die Selbstverwirklichung des Menschen braucht Regeln und Begrenzungen, sonst wird sie zur rastlosen Suche, zur quälenden Heimatlosigkeit; die Selbstfindung braucht eine Vision – aber auch einen Weg zum Ziel. So gesehen ermöglichen die Gebote erst die Selbstverwirklichung; kein Mensch kann sich selber finden und verwirklichen, wenn er nicht seine Grenzen kennt und die Grenzen, jenseits derer er andere Menschen verletzt und zerstört.

Über allem steht das Liebesgebot – damit können die Gebote um der Liebe willen und aus der liebenden Verantwortung heraus gebrochen werden. Es gibt die Lüge aus Liebe, es gibt den Diebstahl aus Verantwortung – der Kohleklau, um Wohnung und Wasser warm zu bekommen, ist ein Beispiel dafür. Jesus selber hat das Sabbatgebot gebrochen, als er seinen Jüngern erlaubte, Ähren zu pflücken, um mit dem Korn den Hunger zu stillen: Der Mensch lebt nicht für die Gebote, die Gebote sind für den Menschen da. Der barmherzige Samariter durchbricht alle Regeln und Konventionen, um einem Israeliten zu helfen – der Priester und der Diakon waren vorbeigelaufen. Die Zehn Gebote sind nicht Korsett und Konvention – sie sprengen Korsette und durchbrechen Konventionen. Und sie bedenken das Scheitern mit, den

Zweifel und den Hader. Ein Mensch, der das sechste Gebot nicht mehr leben kann, weil die Partnerschaft gescheitert ist und eine andere Liebe ins Herz gekommen ist, der ist nicht aus der Liebe Gottes entlassen; nicht einmal der Dieb und der Mörder sind es. Die Bibel selber ist ja voll von Menschen, die die Gebote brechen. Die Töchter Lots schliefen mit ihrem Vater, um schwanger zu werden, Tamar bekam ein Kind von Ruben, indem sie sich als Tempelhure verkleidete und den Sohn Jakobs hereinlegte (wobei es damals nur als Sünde galt, mit der rechtmäßigen Frau eines anderen Sex zu haben – der Gang zur Tempelhure fiel, wenn überhaupt, unter das erste Gebot). Petrus, der Fels der kleinen Jesusgemeinde, war ein Schwächling und Feigling, ein Zweifler und im entscheidenden Moment auch ein Lügner, der seinen Herrn verleugnete. Die Schwäche und das Scheitern gehören zum Menschsein, und eine Auslegung der Gebote, die das nicht bedenkt, wird unmenschlich hart. Der Mensch will gut sein, in der Regel strebt er auch zum Guten, aber er ist fehlbar, er scheitert, er schafft nicht, was er will. Das Mitbedenken des Scheiterns bedeutet nicht, die Gebote zu relativieren, es bedeutet, auch dem Sünder und dem Gescheiterten nahe zu sein. Auch deshalb gehört die Fähigkeit zu verzeihen zu den christlichen Tugenden, auch deshalb legt die katholische Kirche so viel Wert auf die Beichte, auch wenn sie aus der Mode gekommen scheint. Doch interessanterweise legt auch die evangelische Kirche zunehmenden Wert auf das Beichtgespräch: Es gibt immer einen Neuanfang, das Scheitern vernichtet den Menschen nicht. Man kann mit ihm vor Gott treten, und Gott verzeiht, er ermöglicht die Reue und die Umkehr.

Die Zehn Gebote engen also nicht ein – sie machen frei. Frei vom Zwang, alles ausprobieren zu müssen, frei von der Anstrengung, jeden Tag das Leben neu erfinden zu müssen, frei von der Ökonomisierung des gesamten Lebens, von der Herrschaft des Nächstliegenden, des Ellenbogens, des reinen Nutzendenkens. Sie sind Regeln zum Leben. Das dritte Gebot führt die Sabbatruhe nicht auf die Schöpfungsgeschichte zurück, sondern auf die Befreiung aus der ägyptischen Knechtschaft. Das ist für Menschen des 21. Jahrhunderts ein ungewöhnlicher Gedanke, für die Israeliten war aber klar: Es geht hier nicht nur um eine menschenfreundliche Pause. Es geht um Knechtschaft oder Freiheit, es geht ums Ganze. Der Dekalog ist also das Gesetz des befreienden Gottes, der sein Volk aus der Knechtschaft Ägyptens befreit hat. Dieses Volk war seine ganze Geschichte hindurch vom Untergang und von der Unterdrückung bedroht: Es vermischte sich mit anderen Völkern, Kulte wie der Baalskult waren populär. Die Zehn Gebote waren die Regeln, die das Volk Israel einten und gegen die Gefahren von außen schützten, sie sind staatspolitisch, gemeinschaftsbildend. Diese Gebote haben dem Volk Israel geholfen, in einer brutal feindlichen Umwelt zu bestehen. Und auch heute, zweieinhalbtausend Jahre später, sind sie ein Weg in die Freiheit, nicht in die Unterdrückung. So hat es 2007 auch Papst Benedikt XVI. bei seinem Besuch im österreichischen Wallfahrtsort Mariazell gesagt: Die Zehn Gebote sind das große Ja zu Gott und zum Menschen. Sie sind das Ja zur Familie und zum Leben, ein Ja zu verantwortungsbewusster Liebe, zu Solidarität, sozialer Verantwortung und Gerechtigkeit; ein Ja zur Wahrheit und ein Ja zur Achtung anderer Menschen und dessen, was ihnen gehört. Dieser Gedanke ist dem Papst sehr wichtig, er hat ihn auch in seiner ersten Enzyklika *Deus Caritas est* aufgegriffen: Der Glaube engt nicht ein, die katholische Kirche ist keine Verbotsinstitution. Sie setzt Regeln aus Liebe, sie weitet damit den Horizont, sie hilft, dass das Leben gelingt. Interessanterweise sieht der Psychologe Moser dies inzwischen ähnlich: Zwei Jahrzehnte nach seinem Buch „Gottesvergiftung" hat er eine Schrift veröffentlicht, die sich auf die Suche nach einem „erträglichen Gott" macht, beeindruckt von den vielen Menschen, die ihm gezeigt haben, wie oft der Glaube zu einem gelingenden Leben beitragt.

Viel zu lange wurden die Zehn Gebote missbraucht. Sie wurden zur Moralkeule, zum Instrument einer lieblosen Kasuistik, die unsinnige Vorschriften bis ins Detail verfeinerte. „Das Kurzgefasste", wie Thomas Mann die Gebote nannte, sagt in wenigen Sätzen, worauf es im Leben ankommt. Das Kurzgefasste heißt aber auch: Diese Sätze sind kein verästeltes und starres Regelwerk. Sie bleiben in ihrer Kürze offen für den Lauf der Welt, für die konkrete Situation, für den einzelnen Menschen. Als starres Gesetzeswerk verlieren die Gebote ihren Sinn. Als Instrument der Begrenzung, Einengung, der Triebunterdrückung, als Katalog der Selbstentwertung werden sie lebensfeindlich. Dabei sollen sie Lebensfreude schaffen, statt sie einzuschränken! Deshalb ist das dreifache Liebesgebot aus dem Neuen Testament eine so wichtige Zusammenfassung: Du sollst Gott, Deinen Herrn, lieben, Deinen Nächsten – und Dich selbst. Die Gottesliebe, die

Selbstliebe und die Nächstenliebe gehören zusammen. Ohne die Selbstliebe, die Fähigkeit, sich selber anzunehmen und zu sich zu stehen, sind die Gottes- und die Nächstenliebe unmöglich. Ohne die Nächstenliebe wird die Selbstliebe egozentrisch und die Gottesliebe frömmelnd. Ohne die Gottesliebe fehlt der Selbstliebe und der Nächstenliebe der Grund, der Boden, auf dem beide wachsen können, das Vertrauen, dass diese Liebe ihren Sinn hat.

Die Zehn Gebote sind das Gerüst, das hilft, diese dreifache Liebe zu leben. Und deshalb stehen sie auch der Selbstverwirklichung nicht im Wege. Natürlich kann sich einer selbst verwirklichen, wenn er nicht tötet und stiehlt, die Ehe des Nachbarn achtet und die Eltern ehrt, sich keine Götzen aufbaut und den Sonntag als besonderen Tag der Gottesverehrung, als Geschenk sieht. Sich in Gott geborgen zu fühlen, das ist die beste Möglichkeit zur Selbstverwirklichung. Diese Geborgenheit gibt eine Grundsicherheit in all den Unsicherheiten, mit denen man jeden Tag zu tun hat. Das Leben ist brüchig. Aber zu sagen: ich bin in Gottes Hand, komme, was mag, das gibt einem Mut, auch das Risiko des Lebens einzugehen. Die Gebote sind Ausdruck dieser Geborgenheit in Gott, sie machen Mut zum Risiko. Das Missverständnis vergangener Jahrzehnte lautete: Wer die Gebote achtet, ist automatisch in Gott geborgen. Wenn ich dies und jenes befolge, dann ist Gott bei mir. Es ist doch genau andersherum: Weil ich mich in Gott geborgen weiß, bin ich frei, kann ich etwas riskieren, muss ich nicht mitmachen, was „man" so macht. Die Gebote sind eine Anleitung zur Freiheit. Sie sind die Aufforderung, das Leben zu wagen, sich nicht ängstlich hinter dem Wenn und dem Aber zu verstecken. Ja, was ich wage, kann schiefgehen. Aber wenn es gescheitert ist, dann habe ich es versucht, ich habe gelebt und nicht ängstlich das Leben von mir ferngehalten. Auch im Scheitern bleibe ich in Gott geborgen.

Was wäre gewesen, wenn der Mann, der mit seinen Talenten wucherte, statt sie zu vergraben, sich verspekuliert hätte und nur mit der Hälfte zu seinem Herrn zurückgekommen wäre? Vermutlich hätte der Herr gesagt: Ja, Du hast Fehler gemacht. Aber Du hast es versucht, und das ist besser, als ein Loch zu graben und zu verstecken, was man bekommen hat. Ja zu einem Kind zu sagen, bedeutet zum Beispiel: Ich werde viel falsch machen, egal, wie gut ich es meine. Ich muss wissen, dass dieses Kind vielleicht ganz anders wird, als ich geplant habe, dass es alle meine Pläne durchkreuzt.

Im Kloster Sankt Ottilien gab es die Gruppe verwaister Eltern, in der sich Eltern trafen, deren Kinder gestorben waren, weil sie krank waren, weil sie einen Unfall hatten. Einen Schüler hatte der Blitz erschlagen, aus heiterem Himmel, gerade erst waren Gewitterwolken aufgezogen, es hatte noch nicht einmal angefangen zu regnen. Es war großartig, wie die Eltern diesen tragischen Tod getragen haben. Der Vater, ein Schreiner, hat den Sarg für seinen Sohn gezimmert. Er hat gesagt: Gott hat uns diesen Sohn geschenkt, wir hatten so viel Freude mit ihm, aber ich habe kein Anrecht darauf, dass dies ewig bleibt. Natürlich war diese Familie tief traurig, aber sie verzweifelte nicht. Andere Paare sind über dem Verlust ihres Kindes zugrunde gegangen, auch, weil es das Einzige zu sein schien, was sie im Leben hatten, weil sie nur noch den Verlust sehen konnten, weil ihnen das Vertrauen fehlte, dass Gott sie auch in diesem schrecklichen Verlust nicht alleinlässt und ihnen Wege zum Leben zeigen wird. Wer dieses Gottvertrauen haben kann, hat etwas ganz Großes im Leben geschenkt bekommen.

Die Zehn Gebote sind Gebote zum guten Leben, zur Freiheit, zur Selbstverwirklichung, wenn sie aus dieser Gottesgeborgenheit heraus gelebt werden. Wer diese Gottesgeborgenheit spürt, kann traurig und wütend sein, niedergeschlagen, von Zweifeln bedrängt. Er kann Fehler machen und Sünden begehen, er kann scheitern oder im Mittelmaß stecken bleiben. Aber er kann nie im Tiefsten verzweifeln. Weil er sich im Tiefsten gehalten weiß von Gott.

Anselm Grün – Einfach leben

Herzensruhe
Im Einklang mit sich selber sein
160 Seiten, kartoniert
ISBN 978-3-451-04925-5

Das Buch der Lebenskunst
224 Seiten, kartoniert
ISBN 978-3-451-05700-7

Quellen innerer Kraft
Erschöpfung vermeiden –
Positive Energien nutzen
160 Seiten, kartoniert
ISBN 978-3-451-05939-1

Vertrauen
Spüre das Leben
160 Seiten, kartoniert
ISBN 978-3-451-05960-5

Das kleine Buch der Lebenslust
192 Seiten, gebunden
mit Schutzumschlag und Leseband
ISBN 978-3-451-28555-4

Das kleine Buch vom guten Leben
192 Seiten, gebunden mit Schutzumschlag und Leseband
ISBN 978-3-451-29584-3

Vergiss das Beste nicht
Inspiration für jeden Tag
224 Seiten, kartoniert
ISBN 978-3-451-05907-0

Das kleine Buch vom wahren Glück
192 Seiten, kartoniert
ISBN 978-3-451-07072-3

Jeder Tag ein Weg zum Glück
160 Seiten, Pappband
ISBN 978-3-451-28660-5

Glückseligkeit
Der achtfache Weg zum gelingenden Leben
160 Seiten, gebunden
mit Schutzumschlag
ISBN 978-3-451-29603-1

Anselm Grüns Buch der Antworten
272 Seiten, gebunden
mit Schutzumschlag und Leseband
ISBN 978-3-451-29630-7

50 Rituale für das Leben
160 Seiten, gebunden
mit Schutzumschlag
ISBN 978-3-451-29843-1

HERDER

Zusammen leben

Mathias Binswanger
Die Tretmühlen des Glücks
Wir haben immer mehr und werden nicht glücklicher. Was können wir tun?
Band 5809
Aus der Sicht eines Ökonomen: ein Buch über die wirklichen Voraussetzungen des Glücks.

Norbert Blüm
Gerechtigkeit
Eine Kritik des Homo oeconomicus
Band 5789
In scharfer Auseinandersetzung auch mit den geistigen Fundamenten und mit der Realität des Kapitalismus klärt Blüm aktuelle Fragen.

Ruth Eder
Netzwerk der Generationen
Gemeinsam statt einsam
Band 5732
Praktisch erprobte Anregungen mit vielen Tipps für die Lebensform der Zukunft.

Hans Jellouschek
Wie Liebe, Familie und Beruf zusammengehen
Partnerschaft heute
Band 5778
Jedes Paar kann lernen, im Spannungsfeld verschiedener Anforderungen den eigenen Weg zu einer glücklichen Beziehung zu finden.

Friedrich Schorlemmer
Woran du dein Herz hängst ...
Politisches Handeln und christlicher Glaube
Band 5798
„Die Frage nach Religion stellt sich immer und überall, selbst in Form strikter Ablehnung. Kaum etwas scheint für das Aufkommen neuer politischer oder religiöser Fundamentalismen gefährlicher zu sein als anhaltende Gleichgültigkeit in diesen Fragen." (Friedrich Schorlemmer)

HERDER spektrum